大作家 小课堂

金波
写诗的秘密

金 波／著

紫 雨／赏析

人民文学出版社
天天出版社

图书在版编目（ＣＩＰ）数据

金波写诗的秘密 / 金波著；紫雨赏析. -- 北京：天天出版社, 2020.9
（大作家小课堂）
ISBN 978-7-5016-1476-9

Ⅰ.①金… Ⅱ.①金… ②紫… Ⅲ.①诗歌创作—小学—教学参考资料
Ⅳ.①G624.243

中国版本图书馆CIP数据核字(2019)第026650号

责任编辑：张新领　　　　　　　　　**美术编辑**：丁　妮
责任印制：康远超　张　璞

出版发行：天天出版社有限责任公司
地　址：北京市东城区东中街42号　　　　　**邮编**：100027
市场部：010-64169902　　　　　　　**传真**：010-64169902
网　址：http://www.tiantianpublishing.com
邮　箱：tiantiancbs@163.com

印　刷：天津市豪迈印务有限公司　　　　**经销**：全国新华书店等
开　本：710×1000　1/16　　　　　　　**印张**：12.75
版　次：2020年9月北京第1版　　**印次**：2020年9月第1次印刷
字　数：132千字　　　　　　　　　　　　**印数**：1-6,000册

书　号：978-7-5016-1476-9　　　　　　　**定价**：35.00元

前　言

　　童诗充满美感，情趣盎然，是儿童文学皇冠上的明珠。孩子是天生的诗人，童心即诗。

　　本书收录了金波先生一百首诗歌作品，他的诗歌被誉为"美的向导，爱的使者"，陪伴一代代孩子长大。

　　在金波先生的每首诗歌后，均配有"紫雨赏诗"，鉴赏者为江苏省无锡市高级教师，无锡市小学语文学科带头人，阅读推广人，她多年的一线教学经验使她更能贴近孩子的心，从孩子的角度出发，带他们更深入地欣赏和理解诗歌。

　　全书分为两部分。第一部分从诗歌的内容和写作手法出发，旨在开拓孩子们的视野和思路，并授予一定的方法与技巧，诗后配有"灵感记录簿"，让孩子随时记录自己的奇思妙想，逐步完成诗歌的创作。

第二部分则偏重阅读与鉴赏，带孩子在金色的诗行中散步，放飞想象力，体会语言文字中的美感，陶冶情操。

本书注重"美育"，让孩子学会用"诗情"去感受生活，感受美，在潜移默化中提升自己的文学素养和生活情趣。

目 录

第 部分

用诗歌的音符歌唱

1. 发现生活中的诗意 ——诗歌中可以写什么

与古诗不同，现代诗歌不拘泥于格式和韵律，形式自由、内涵丰富，孩子们可以有更大的发挥空间。

困扰孩子们的问题，可能是不知道该写什么，灵感又从哪里来。答案就是，什么都可以写！

从大的方面来看，你经历的事情，你的情感，你的想法，都可以写进诗里；从小的方面来看，你的五感——你看到的、听到的、摸到的、闻到的、尝到的，都可以成为你的灵感来源。

下面，让我们读一读金波爷爷的诗歌，找找他在诗里都写了些什么内容。

事件

阳台上的瓢虫

窗外飘起了雪花，
一只瓢虫飞进我的阳台，
红红的，像一颗宝石，
闪着亮丽的光彩。

想起它吃过蚜虫，
小小瓢虫也做过好事，
现在天冷，没了蚜虫，
我只好喂它菜叶吃。

为祝福它挨过漫长的冬季，
我为它写下一篇篇日记。
可惜，它还是死了，
死了，仍像一颗红宝石。

为悼念一只小瓢虫，
我曾偷偷地哭泣，
但是，这个冬天，
我有过美好的回忆。

【紫雨赏诗】

瓢虫，怎么也难熬过漫长的冬季，但它能在飘雪的日子里飞进一个珍惜它的窗口，对它来说就是幸福的事情。尽管自然的规律难以违背，可生命的相遇总是一份缘。如果你能发现相遇的生命曾经发出的光彩，就像发现瓢虫像宝石一样亮丽，那么你也就拥有智慧的双眼和一颗同样亮丽的心灵。

【灵感记录簿】

一只小小的虫子，一定在某个时间某个地方引起过你的注意。

那是在_____（时间）在_____（地方）遇到了一只_____。

相遇后，你自然对它有多多少少的观察，也许还有交流。在与它相遇之前，你对它又有哪些了解，你知道它

喜欢_____，

喜欢_____，

或者_____，

不喜欢_____。

相遇时，你为它做了些什么？结局是怎样的呢？你可以尝试用一首小诗记下这段美好的记忆。

阳光洒在雪地上

阳光洒在雪地上，
洒下呵护的温柔，
轻轻地、静静地，
给冬季注入一股暖流。

雪，因幸福而融化，
滋润着初春的绿芽；
再向太阳开一朵小花，
算作无声的报答。

【紫雨赏诗】

　　阳光，万物生长所依赖的力量。它所洒到的地方，生命自然就有了方向。它会在不同的季节选择不同的方式来照耀万物。洒在那轻盈的雪花身上的阳光，是那样的温柔：轻轻地、静静地，我们几乎能听到雪花幸福融化的声音。这不仅因为它喜欢雪花，更是因为它怕太过热烈可能会吓坏那地下的嫩芽……

　　阳光，就像我们一样，有温柔的时候，也有热烈的时候；有淡淡的忧愁，也有浓浓的欢乐。它会根据万物不同的需要，提供不同的照射；它会在不同的地方，选用不同的态度；它在不同的时间，会有不同的心情。

【灵感记录簿】

　　找一片洒满阳光的地方吧：
　　阳光洒在＿＿＿＿＿＿，
　　阳光洒在＿＿＿＿＿＿，
　　阳光洒在＿＿＿＿＿＿。
　　然后用心感受阳光的心情，观察阳光带来的变化，并试着写下来吧！

洁白的云

洁白的云，
一直在飘，
悠悠地，不疾不徐。

飘过树梢，
飘过山顶，
飘得无影无踪。

直到看见一个孩子在写生，
（他在画山林，
画小溪，
画蓝天，）
洁白的云，
才飘进他的画里。

【紫雨赏诗】

这样的小诗，读起来轻快活泼，我们不妨换个角度读一读：

一个写生的孩子，画好了山林，画好了小溪，画好了蓝天，仰望天空发现了那朵调皮的云。它不疾不徐，飘过树梢，飘过山顶，最后无影无踪。没关系，它的形象已经印在了孩子的脑海里，于是他赶快把它画进自己的画里。这样一个好玩的故事，就变成了这样一首轻快的诗。最调皮的云，它的游走让故事生动活泼。

【灵感记录簿】

这样灵动的事物太多太多，有会飘的云，就有：

会_____的鸟，

会_____的鱼，

会_____的_____。

如果你要去写生，你会把画架支在哪里？

_____。

让我们看看你的画板，已经画好了哪些？

在画_____，

画_____，

画_____。

你看到在风景里调皮"行走"着的是_____。

它所到的地方有：_____、_____、_____、_____。

赶紧把它收到你的风景画里来，这样你就有了一幅如诗的画，也可以写下一首如画的诗。

带我回家

朝霞，小巷被濡染成
一幅展开的画轴，
我看见母亲手提着菜篮子，
正往家里走。

菜叶上还沾着露水，
有一只蝴蝶跟着她飞，
水灵灵的叶子，
飘散着我熟悉的香味。

妈妈的额头上，
沁满了汗滴，
我跑过去，
扑进她的怀里。

永远不会长大的记忆，
永远不会褪色的图画，
每次都能听见那轻轻的一声：
妈妈，带我回家……

【紫雨赏诗】

　　这是金波爷爷记忆里的图画，每个人都有这样一些"永远不会褪色"的"记忆"，伴随自己长大，无论走到海角天涯，不管流逝了多少青春年华。"小巷"——那个母亲来回走动的画轴；"香味"——菜叶上露水所沾带的气息，蝴蝶所采撷的，叶子上所飘散的，都是滋养你成长的香味，它属于母亲，属于家。"家"，是这一切不会"褪色"的根本原因。而母亲则是这一作品的创作者。是她绘制了这样一幅只属于你的画卷，铺展在你的记忆里。

【灵感记录簿】

　　　　相信你也有这样的画卷：

　　　　母亲来回走动的画轴是＿＿＿＿＿＿，

　　　　让你难忘的气息有＿＿＿＿＿＿，

　　　　母亲在家中定格的镜头是＿＿＿＿＿＿。

　　　　试着描绘下属于你的记忆画卷吧！

* 情感 *

送你一束蒲公英

秋天，我来到山野，
采一束蒲公英送给你。
虽然它的花已经凋谢，
但留下白茸茸的种子更美丽。

请收下这一份小小礼物，
这是一颗颗会飞翔的心，
有它伴你走很远很远的路，
你就是一个快乐的旅人。

你一路播撒送给秋风，
别忘了留一支带回家。
春天来了，你去播种，
就种在你家的竹篱下。

当它开出金灿灿的花朵，
我知道那时候你会想起我。

【紫雨赏诗】

送人礼物，便是赠送了一份美好的记忆。因为礼物陪伴身边，总有机会让朋友想起送礼物的人。当蒲公英开出金灿灿的花朵，会让人忆起友情的美好。礼物是否珍贵并不在于其价格，而在于其价值，一份小小的礼物也可以完成传播你和朋友间友谊的使命。

【灵感记录簿】

你是否曾送给朋友一件特别的礼物？它也许并不名贵，却一定很有意义。你希望它会在什么时候让朋友忆起你们的友情呢？

_____（时间），我来到_____（地点），

送给你_____，

虽然_____，

但_____，

当它_____，

我知道那时候你会想起我。

想念雨天

我想念雨天。

外面下着大雨，
洗涤着我的记忆。

我忽然想起小时候，
母亲抱着我，
看窗外大雨。
我搂着母亲的黑发，
母亲给了我一个家。

如今又是一个雨天，
母亲已是满头白发。
我把她揽进怀里，
她紧紧依偎着我，
依偎着一个温馨的家。

【紫雨赏诗】

　　想念某一天，其实是想念某个人、某件事。那人、那事伴随着那天的情景，成为你最难忘的记忆。它会成为你脑海里的电影，不停地被心灵点播。

　　外面的雨，点燃了"我"对雨天的记忆。再次将那"电影"回放：母亲——抱——大雨——黑发——搂——我——家……窗外的大雨是背景，是这一画面的伴奏。也许只有雨天，忙碌的妈妈才有空闲抱着我一起听雨、看雨；也许在雨天，我才更需要妈妈那温暖的怀抱；也许母亲也有一个关于雨天的美好记忆……

　　让我们将电影的镜头再切换到"如今"：雨——母亲——白发——揽——我——依偎——家……背景音乐没有改变——仍然是雨。画面里的人物已经有了变化：母亲的黑发已经变成白发；母亲和孩子的姿势也有了交换。孩子已经长大，强壮到可以让母亲依偎，强大到为母亲撑起了一个温馨的家。也许正因为雨天，忙碌的"我"才有空闲揽母亲入怀；也许正因为雨天，寂寞的母亲才更需要孩子的关怀；也正是因为这雨天，给孩子无数的思念……

　　两幅画面的背景都是雨。想念雨天，不只是想念那淅淅沥沥的背景，更是铭记在那雨天里拥有的世间最珍贵的情感！

【灵感记录簿】

　　在你的记忆中，是否也有这样一些因那人、那事而特别的日子？那些记忆中的画面背景是怎样的呢？尝试将它描述一下吧！

房檐下的燕子

秋风起了，
树叶黄了，
燕子，燕子，
你又要走了吗？

不走不行吗？
我想把你的窝，
搬进屋里来，
天天喂你米喂你菜。

燕子，燕子，
还是要去南方避寒，
临走围着我家老槐树，
又盘旋了三圈。

燕子，燕子，
我想叮嘱一句话：
无论你飞得多么远，
我的屋檐下都有你的家。

【紫雨赏诗】

　　与许多美丽生命的相遇，书写着我们生活中美丽的童话。可有句俗话说："天下没有不散的筵席。"相聚、相处之后，我们常常不得不面对分离。离别总是令人不舍。不只是我们几近苦求："不走不行吗？"——充满着不舍。南去的燕子"盘旋了三圈"，又何尝不是同样表达着无限的依恋。

　　告别虽然依依不舍，却也怀着满满的期待。燕子"盘旋三圈"也是将这屋子、这树、这人深深地印在记忆里，留给明年那美好的春天。就像临别时我的那番叮嘱。离别是相思的开始，相思是相聚的开始。

【灵感记录簿】

　　如果你也曾不得不告别，写下告别的时间，写下你的不舍，写下他的不舍，千万别忘了最后的一段表白：

　　_____，_____，

　　我想叮嘱一句话：

　　无论你_____，

　　我_____都_____。

小水洼

雨过天晴，
阳光朗照着，
处处像一幅幅描金的画。

忽然，我看见
路边有一片
小水洼。

我先是站在它旁边，
欣赏蓝天、白云、燕子的倒影；
而后，我蹲下来，
看自己的一张脸映入水中。

皱皱眉，瞪瞪眼，张张嘴，
做一个鬼脸；
我笑了，
小水洼里盛着我的快乐。

【紫雨赏诗】

　　小水洼，雨后最为常见的小水洼，里面竟然蕴含着如此丰富的诗情画意。你发现了吗？它其实就是映照世界的一面镜子，更是承载我们快乐的一片"海洋"！

【灵感记录簿】

　　雨过天晴，你所见到的情景与这首诗中描写的自然不同，因为你四周的景物和你的心情与作者不同，但你完全可以和作者一样，找到一片小水洼，看看里面映出的世界。

　　那么，我们先来看看它映出的景物：

　　我先是站在它旁边，

　　欣赏＿＿＿＿＿的倒影；

　　而后，我＿＿＿＿＿，

　　看＿＿＿＿＿映入水中。

　　然后，再来想想自己会对着它做些什么：

　　＿＿＿＿＿，＿＿＿＿＿，＿＿＿＿＿，

　　做＿＿＿＿＿＿＿＿，

　　我＿＿＿＿＿＿＿＿了，

　　小水洼里盛着我的＿＿＿＿＿。

老师当了新娘

老师，听说您要结婚了，
和一个来自大草原的人，
从此，在大草原上，
就有了您温暖的家。

您的家一定很大很大，
有许多牛，许多羊，许多马，
还有比星星
更多更多的鲜花。

那么，您当了新娘以后，
还是我们的"老师姐姐"吗？
还能倾听我们的诉说吗？
还能擦去我们的泪水吗？

今天，在您结婚的日子里，
我们只让您看到我们的笑脸，
只让您听到我们的笑声，
谁也不许说伤心的事情。

只是，我想悄悄问您一句：
有一天，当您做了妈妈，
您还会爱我们这些
小弟弟、小妹妹吗？

【紫雨赏诗】

　　生活常常有这样一些变化：一个原本与你很亲密的人，要变成另一个你所不太了解的角色。就像这首诗中写的老师，她突然有了一个新的身份——一个来自大草原的人的新娘。于是你就顺着这样的变化开始设想，她所担当的新角色会给她的生活带来变化，你们的关系可能也会发生变化，你心中依依地不愿失去她。说出这些担心，说出这些牵挂，就可以送一首优美而纯真的表白诗给她。

　　其实我们身边有很多这样的变化，比如原本只属于你一个人的爸爸和妈妈，现在又添了一个小宝贝，有人来分享你的爸爸和妈妈的爱；原本是你的姐姐，现在要嫁到别人家；原本是你的哥哥，现在要成为一个新郎；原本是自己亲密的伙伴，却又结识了一个新的朋友……所有的人，在社会中都会有多种角色要扮演，就像你在学校是老师的学生，在家是父母的孩子一样。

【灵感记录簿】

　　找一找身边与自己关系非常亲密的人，写一写在他的角色发生改变时，你的联想、祝福和牵挂吧！

* 想法 *

如果我是一片雪花

如果我是一片雪花，
你猜，我会飘落到
什么地方去呢？

我愿飘落到小河里，
变成一滴水，
和小鱼小虾游戏。

我愿飘落到广场上，
堆个胖雪人，
望着你笑眯眯。

我更愿飘落到妈妈的脸上，
亲亲她，亲亲她，
然后就快乐地融化。

【紫雨赏诗】

　　小小雪花漫天飞，其实它们都有自己要去的地方。仰望那纷纷扬扬的雪花，你是否也恍惚间成了一片雪花？那么就告诉我，你最想去的地方，然后再告诉我你要去完成的心愿吧！

【灵感记录簿】

　　诗中的雪花已经去了：_____、_____、_____，那么我们就换个去处吧：

　　我愿飘落到_____，

　　_____，

　　_____。

　　到了这些地方，可爱的雪花无论做什么都会成为冬天里最美的诗。

会思考的石头

忽然，想变成一块
会思考的石头，
静静地坐在那儿，
一动也不动。

（变成石头，再没人说我
得了"多动症"。）

头上是绿荫，
身边是花影，
鸟儿落在肩头，
让我尽情欣赏它的歌声。

清晨迎接朝霞，
夜晚仰望繁星。
变成一块会思考的石头，
日子很充实，也很轻松。

一个安静沉默的我，
在思考着严肃的事情。
真的，我知道了学会思考，
人才会变得聪明。

只是设想，天慢慢黑下来，

吹来一阵阵晚风，

想起有妈妈的屋子很温暖，

我也许会慢慢走回家中……

【紫雨赏诗】

像石头一样静静地坐着——这也许是面对好动的孩子时，妈妈们最大的心愿；而"成为一块会思考的石头"则成了孩子最大的心愿。当一切都在遐想中如愿以偿，美好得就像一首诗。从一块石头的角度去看世界，真是奇特又美妙。经过一番思考后，走进屋的"我"必然已经不同于从前。

克服自己的一个缺点，自己努力的过程和遐想也能写成一首诗。

【灵感记录簿】

你是否也有一些小缺点，遭到亲人的纠正和指责？比如，你怎么就不能细心一点儿呢？——可能会使你渴望变化成一种特别细心的事物。蹦跳着摔跤了，妈妈心疼地指责："你怎么就不能慢点儿走呢？"——可能会使你想变化成行动特别迟缓的事物，来逗一逗妈妈。

仔细想想妈妈经常指责你的一句话：你怎么＿＿＿＿＿＿＿＿？

找一个符合妈妈要求的事物＿＿＿＿＿。然后就从它的角度，静静地观察这个世界，写下独特的感受吧！

想变成……

想变成一棵树，
拥有无数叶子，
在微风里沙沙作响，
讲述着绿色的故事。

想变成一朵花，
去到山野里安家，
拉起小草的手，
送给大地一幅画。

想变成一阵风，
开始快乐地飞翔，
无论到什么地方，
都送去鸟语花香。

【紫雨赏诗】

　　想变成……是不是想变成的太多太多，一首小诗根本无法写下？那就从中挑选一些，说出想变成它的理由吧。

　　比如，树可以拥有无数的叶子，那沙沙的响声分明就是在讲故事，多有趣啊！——这就是想变成树的理由。再比如，花儿可以和小草一起让大地美丽如画——这就是想变成花的理由。又比如，风儿可以去任何想去的地方，还可以给那里带去鸟语花香——这就是想变成风儿的理由。

【灵感记录簿】

　　你想变成的事物，能否给世界带来动人的声音、绚丽的色彩或祥和的生活呢？

　　试着说一个你的心愿和理由吧：

　　想变成_____，

　　_____，

　　_____。

　　原来，想变成什么，里面还是有点儿学问的哦！变成了有价值的事物，自然就成了一首诗。

让太阳长上翅膀

真想让太阳长一对翅膀，
天上就多了一只太阳鸟。
让它在蓝天里自由飞翔，
一边飞，一边自由鸣叫。

它的歌声是这样温暖，
给人们心头带来了光明，
孩子们看见了笑得更甜，
盲人听见了也睁开眼睛。

天上飞翔着光明的使者，
飞临千万年的冰山雪谷，
沙漠里流出了明亮的小河，
高山上荡漾着潋滟的小湖。

长翅膀的太阳是我们的心，
好把光和热送给所有的人。

【紫雨赏诗】

对诗歌来说，没有什么是不可以的，上天揽月，下海捞针……只要你有胆量想象，诗歌就无一不能实现。金波爷爷有一颗想把光和热送给所有人的温暖之心，就创造出一个长了翅膀的太阳来实现。

长了翅膀的太阳拥有一个特别美丽的名字——太阳鸟。"翅膀"就是金波爷爷送给太阳的一份特别礼物。

【灵感记录簿】

你想赠送给太阳一份什么样的特别礼物呢？比如：

一块滑板、＿＿＿＿＿＿＿、＿＿＿＿＿＿＿、＿＿＿＿＿＿＿。

你可以给自己创造出来的太阳起一个美丽的名字，它叫太阳＿＿＿。你希望它把光明和温暖带到什么地方，带给哪些人，一切都听从你的安排。

其实，我是……

其实，我是一条鱼。
当我跃入水里，
自由地畅游时，
我想这样告诉你。

其实，我是一只鸟。
当我攀上山顶，
有云从耳边拂过，
我想这样告诉你。

其实，我是一棵树。
当我走进大森林，
享受着自由的呼吸，
我想这样告诉你。

【紫雨赏诗】

　　"其实，我是……"这是一个个小秘密，甚至自己在合适的时候才能发现。

　　诗的每一节正确的顺序应该是：

　　　　当我跃入水里，
　　　　自由地畅游时，
　　　　我想这样告诉你。
　　　　其实，我是一条鱼。

　　那为什么倒过来写？就是要让这个秘密显得更加突出，展现它的神奇，给你带来无尽的遐想——怎么就变成一条鱼了呢？这条鱼又在做些什么？然后才告诉你，我何时何地发现了这样的秘密。

【灵感记录簿】

　　你是否也能这样发现自己的秘密，然后用同样的方式告诉我？比如，当我奔跑在大草原上，自由地驰骋，远眺那苍茫的原野，茂密的草儿在脚下如汗水般涌来、退去，涌来、退去……这时，我就有了一个惊奇的发现：

　　其实，我是＿＿＿＿＿＿。

　　当＿＿＿＿＿＿＿＿＿＿＿＿＿＿＿＿，

　　＿＿＿＿＿＿＿＿＿＿＿＿＿＿＿＿＿，

　　我想这样告诉你。

＊五感之"视觉"＊

星星和花

我最喜欢夏天——
满地的鲜花，
这里一朵，
那里一朵，
真比天上的星星还多。

到了夜晚，
花儿睡了，
我数着满天的星星，
这里一颗，
那里一颗，
又比地上的花儿还多！

【紫雨赏诗】

　　这是一个多么缤纷的世界啊！在我们的面前展开一幅巨大的画面：色彩斑斓，芬芳四溢……"这里一朵，那里一朵"，鲜花就像一个个美丽的精灵，从绿叶丛中或探或伸，或张或望，显露着自己的美丽，甚至能听到她们咯咯的嬉笑声。"我数着满天的星星，这里一颗，那里一颗"，一个充满无尽遐想的空间在夜幕中徐徐展开。有多少朵花儿就有多少个梦，有多少个梦就有多少颗闪亮的星星。

【灵感记录簿】

　　你是不是已经想到了很多数也数不清的美好事物：

小河里有数不清的_____，

蓝天上有数不清的_____，

森林里有数不清的_____，

大海里有数不清的_____，

草原上有数不清的_____，

_____有数不清的_____。

黑蚂蚁

小小的黑蚂蚁，
为什么往树上爬?
你又不是鸟，
树上也没你的家。

黑蚂蚁紧紧贴着大树，
一动也不动，
静静地听，静静地听，
它在谛听大树的心跳。

一个是大树，
一个是蚂蚁；
一个很高，
一个很小。

但最亲近的声音，
莫过于听见了心跳。

【紫雨赏诗】

一个是很高很大的树，一个是很小很小的蚂蚁，因为听见了"心跳"而彼此亲近，读着它们的故事，你会自然地想着自己的心跳：

谁能听见我的心跳？

谁愿意静静地听我的心跳？

谁又会为我的到来而心跳？

我的心跳又愿意被谁听到？

【灵感记录簿】

我们再来想想大自然里，还有哪些像蚂蚁和大树这样如此亲近的伙伴。黑蚂蚁在爬大树，别的虫子又在干什么？它们又去听谁的心跳？

金龟子——_____，

蟋蟀——_____，

知了——_____，

蝈蝈——_____，

_____——_____。

它们在用怎样的方式谛听伙伴的心跳？也许除此之外，它们还有别的亲近方式，你是否发现了呢？

走进林中世界

走进林中世界，
便有一种新的感觉。

在这里，树与树
组成一个和睦的家园，
它们默默交谈，
彼此不需要任何语言。

过去的故事都已陈旧，
新的故事从这里开始。
树上结的是童话果实，
鸟儿踏响树枝，
滴下歌曲。

在大树下，
老爷爷像个孩子；
在小树旁，
孩子忽然长大。

这里是世界之外的，
另一个神奇的世界。
我走进林中，
就和另一个自己告别。

【紫雨赏诗】

　　你是否相信在你熟知的世界之外另有神奇的世界？你应该相信，因为事实如此。每个人熟知的世界其实只是我们所认识的世界。对于未出生的婴儿来说，妈妈的子宫就是整个世界，而我们都知道子宫外还有更大的世界。依次类推，你就会发现，在我们认识的世界之外，永远有另外一个神奇的世界，关键是你走没走到其中去。

　　金波爷爷走进了林中的世界，那里有另一番规则：交流时不需要人类的语言，童话结在果实里，歌曲随着鸟儿踏响树枝而滴下，老人和孩子都没有了岁月的痕迹……一个多么神奇的世界！

【灵感记录簿】

　　请你也试着从习惯的世界里走出来，想想看可能会进入一个怎样的世界？

　　花的世界，

　　草的世界，

　　水的世界，

　　云的世界，

　　鱼的世界，

　　＿＿＿＿＿的世界。

　　用你的笔描绘一下这个世界里所有的神奇吧！

林中小景

阳光透过枝叶，
染上嫩绿的颜色。

风，打着呼哨，
在叶面上轻轻滑过。

流进树林里的空气，
也变得又甜，又柔和。

因此，在每棵树上，
都挂着小鸟的歌。

【紫雨赏诗】

　　小鸟为何而歌？肯定是觉得舒适而自在，这份惬意来自林中的这一刻。就像金波爷爷所看到的：阳光、嫩叶，还有那歌唱的小鸟。这样的情景，你也许觉得太常见。是的，美丽是常常与我们相遇的，只是因为我们太匆匆而没有发现。

【灵感记录簿】

　　跟爷爷学会为身边的美丽而放慢脚步，这样你就会发现许多小景。如：园中小景、湖中小景、雨中小景、空中小景、丛中小景、山中小景、溪边小景……

　　"小景"的范围不必大，"小景"里的景物不必多，最重要的是你能发现它们之间的和谐。将镜头对准你的"小景"，然后告诉我，你在镜头中看到的事物有：

　　_____、_____、_____、_____。

　　将它们带给你的美好感觉一一写出来吧！

小 鹿

花的影、叶的影，
给你披一件
斑斓的彩衣。

你站在那儿，
和无边的森林
融合在一起。

然而你还像一株飞跑的小树，
高昂着你枝枝丫丫的角，
闪进密密的大森林里。

一会儿和这棵树，
一会儿和那棵树，
交谈着春天的消息。

【紫雨赏诗】

　　小鹿和森林是如何融合在一起的呢？表面看是因为它"斑斓的彩衣"和那"枝枝丫丫的角"，其实最重要的是因为它能和森林里的一切交谈。和"这棵树"，和"那棵树"，和这朵花，和那朵花……因为森林是它的家，不只是这里有吃有住，最重要的是这里有它的亲人和朋友，让它的精神自由而富足，所以动物园永远无法成为动物的家。

【灵感记录簿】

　　你还知道哪些像生活在森林里的小鹿这般快乐的动物？找到它和它快乐的家"融合"的秘密：它的外貌如何？它在家里有哪些伙伴？

　　小鹿的家在森林，

　　蟋蟀的家在_____，

　　_____的家在大海，

　　_____的家在_____，

　　选一个自己最喜欢的动物，为它写一首小诗吧！

＊五感之“听觉”＊

倾听春天

房檐上的积雪化了，
春姑娘摇响了雨铃。
天空飞过雁阵，
湖水睁开了眼睛。

我听见蚯蚓在耕耘，
我听见蒲公英在播种。
蛋壳裂开了，
小鸟呼唤着母亲。

树枝上绽开新芽，
远远近近一片绿蒙蒙，
啄木鸟飞来飞去，
在为每一棵大树叩诊。

在热闹中，在宁静中，
我听见春天已经来临。

【紫雨赏诗】

　　岁月，不仅有痕，而且有声；季节，不仅有色，而且有声。它们不只是交织在时钟的嘀嗒声里，它们还有属于自己的节奏与旋律。春天拥有一种"起始"的声音：冰雪融化，湖水开眼的起始；蚯蚓耕耘，蒲公英播种的起始；小鸟飞过，新芽绽开的起始；让宁静的冬天不再宁静的起始；用春姑娘的雨铃和啄木鸟的叩诊唤醒的起始；一年的起始；所有美好苏醒的起始。这些都是春天的旋律，只要你有一对足够聪颖的耳朵，就能听到春天临近的脚步声。

【灵感记录簿】

　　同样，其他的季节也可以倾听。你又发现谁在合奏属于它们季节的声音了呢？

　　葱郁、繁茂的夏天里：＿＿＿＿、＿＿＿＿、＿＿＿＿、＿＿＿＿……

　　丰硕、缤纷的秋天里：＿＿＿＿、＿＿＿＿、＿＿＿＿、＿＿＿＿……

　　苍茫、宁静的冬天里：＿＿＿＿、＿＿＿＿、＿＿＿＿、＿＿＿＿……

　　只要你愿意，你还可以倾听时间的声音，比如童年，比如记忆，比如过去，比如未来……

　　试着用你的耳朵来倾听，并创作一首动人的诗歌吧！

花朵开放的声音

我坚信，
花朵开放的时候，
有声音。

它们唱歌，
演奏音乐，
甚至欢呼、喊叫。

蜜蜂能听见，
蝴蝶能听见，
那只七星瓢虫也能听见。

为什么我却听不见？

我摘下的鲜花，
已停止了开放。

【紫雨赏诗】

花开有声，能否听到凭借的不只是耳朵。蜜蜂、蝴蝶和七星瓢虫都能听见"花儿的歌唱""演奏、欢呼和喊叫"。它们是用怎样的方式去倾听的？而"我"却只会掐断这声音的来源——摘下鲜花！它再也没有了继续开放的机会。

花开定然有声，心灵的声音，只有用心灵去倾听。

世界上许多我们认定是无声的事物，都有属于自己的声音，属于自己的歌，属于自己的音乐。它们兴奋地欢呼、喊叫，它们悲伤地啜泣、呜咽……用心去倾听大自然的声音，你才能感受到那些奇妙和美好。

【灵感记录簿】

我们先来写下一些表面无声、你坚信其有声的事物吧：

星星呢喃的声音，

小草生长的声音，

_____的声音，

_____的声音。

再想想看，谁能听到这些声音呀？

_____的声音，_____能听见。

_____的声音，_____能听见。

_____的声音，_____能听见。

至于结局，你可以听不见，问一下自己为什么听不见；也可以听得见，然后告诉我们你听见了什么。

这就是一次用心灵去倾听的旅程。

像鱼那样沉默

像鱼那样沉默。
因爱而无言。

水拥抱着它，
柔和如春风、
如棉絮、
如歌。

鱼张开嘴，
吐出无声的话语，
一字字，
如珠玑。

为铭记无言的爱，
鱼在水中沉默。

【紫雨赏诗】

鱼，张开嘴吐出的是无声的话语。它们在水中自由而沉默，没有吵嚷也没有喧闹，有的是那优雅的转身和珠玑般的泡泡。它们表达的是爱，对水那无言的爱，回报水对它如春风、如棉絮、如歌的拥抱。

沉默是金，沉默并非无情；无声、无言并非忘却。沉默是鱼选择的一种方式，世间万物都有各自的选择，它们会以自己独特的方式面对爱，面对生活，而且每种方式都有其科学的一面，值得我们去思考，去学习。

【灵感记录簿】

师法自然，找一找自然界里可以为师者，可能是某个动物：

像蜜蜂那样活泼，

因爱而舞蹈。

你也来一句：

像_____那样_____，

因_____而_____。

也可以是某个植物：

像曼陀沙华那样热烈，

因爱而绽放。

你也来一句：

像_____那样_____，

因_____而_____。

听风

静夜里，闭着眼睛，
听风。
风声告诉我，
它的行踪。

风在沙丘上狂飞，
像滚过隆隆的雷；
蹿上我家屋顶，
像一群老鼠在跑在追。

大风吹进了我的梦，
吹浑了梦里的天空。
我在梦的风里飞，
风又把我吹醒。

我想：真该多多种树，
让风在树林里散步。

【紫雨赏诗】

　　只要愿意，原本无影无形的风儿，我们也可以听出它的行踪。特别是在安静的夜晚，比白天更能清晰地听到它的脚步声。风儿的性格是那样善变：一会儿张扬地在沙丘上狂奔，一会儿又如老鼠般上蹿下跳；暴躁时就像一位急性子的爸爸，调皮时如淘气又可爱的孩子。

是听着风儿进入梦乡的，还是在梦中听到了风儿呢？似乎已经说不清了。风进了梦，梦飘在风里……怎么也无法忘记那不安分的风儿，多么希望它慢点儿走，像散步一样地走过，像踮起脚的猫咪无声地于林间散步。金波爷爷分明听懂了风儿，风儿也已经知道了金波爷爷美好的梦想。

【灵感记录簿】

风儿也并不总是如此好动，你听过不一样的风儿吗？它的行踪是怎样的？我们先找个时间来听风：

_____，闭上眼睛，

听风。

你听到的风儿，它到了哪儿呢？它在做些什么呢？它的步态如何？是蹿还是跑，是奔还是走？

风儿在_____，

像_____；

_____上_____，

像_____。

那无影无踪的风儿啊，除了能吹进我们奇妙的梦里，它还会吹过一个怎样神奇的地方呢？

哦，你的想象里！

你的思念里！

浩渺的宇宙——

遥远的月亮——

……

是啊，它能到达任何一个你想让它去的地方：

大风吹过了_____，

_____。

_____，

_____。

当然，你还可以作为它的朋友，为它安排一下另一种生活：

我想：真该_____，

让风儿_____。

回头读一读，你也像金波爷爷一样写了一首小小的《听风》。

鸟儿的生命

一只鸟，隐藏在
繁茂的枝叶间鸣叫。
我仰望，寻找了很久，
也没有找到。

我想起，在黑夜里，
（或许是在梦中），
也曾听到鸟儿的叫声。

但是，我并不想，
去追寻那只鸟儿的踪影，
我只想静静地倾听。

只愿耳边常有鸟儿啼鸣。
彩色的羽毛虽然美丽，
但歌声更是鸟儿的生命。

【紫雨赏诗】

　　"生命"，一个多么神圣又奇妙的字眼！美好的生命是用来歌唱的！每个人每次读到它的体验都会是不一样的。你和我的感受不一样，即使同样的一个人，昨天和今天的感受、现在与将来的感受，甚至在读这首诗之前和读完这首诗之后的感受都是不一样的。因为生命是会生长的，生长成一首首动人的歌。

　　每个生命展现自己的方法和形式是不同的。"歌声"就是鸟儿展现生命的方式，花儿、草儿、树儿，有它们"歌唱"的方式；小鹿、小兔、小猪，也有它们"歌唱"的方式。彩色的羽毛，可爱的小鸟，也许我们也曾经寻找过，也许我们也曾经想拥有它们，但相信读完这首诗，你知道了对待这些美好的生命最美的方式就是——尊重！尊重它们生命的自由，尊重它们生命的自然，就是最伟大的爱！相信你一定也能对自己喜爱的生灵有这样可贵的尊重。

【灵感记录簿】

　　想一想，自己身边有哪些珍贵美好的生灵，它们展现生命的方式是什么呢？

　　鸟儿——歌声，

　　花儿——＿＿＿＿，

　　鱼儿——＿＿＿＿，

　　＿＿＿＿——＿＿＿＿，

　　＿＿＿＿——＿＿＿＿。

夜晚的笛声

我猜想，
随风飘来的笛声，
一定快乐了
这阵阵晚风。

我猜想，
一根竹管上排列着小孔，
有谁在亲吻着它们，
就飞出了七个小精灵。

它们在花朵上跳舞，
它们在叶子上歌吟，
又飞进夜晚的窗口，
安抚着无数个睡梦。

【紫雨赏诗】

这首诗的主旋律是由那"七个小精灵"创造的，所以你只要能找到它们，就能演奏出动人的旋律，拥有属于你的诗歌。这首诗中的七个小精灵来自"一根竹管上排列着的小孔"，找到了它们的"家"，你就会得到与它们相遇的机会。可能是那阵阵的晚风给你送来了它们优美的旋律，也可能是阵阵晨风、午后的阳光、绵绵的细雨、灿烂的晚霞……

【灵感记录簿】

你还知道有哪些地方也住着这样的一群精灵呢？

一根竹管、_____、_____。

你可能会在一个美好的时刻与它们相遇，而你也一定能发现它们跳舞、歌吟的舞台在不断变换，它们甚至会飞进一些抽象的空间，如睡梦，如未来，如_____，谱写着一首首欢快的诗。

＊五感之"触觉"＊

风从我指间穿过

风从我指间穿过。
我已感觉到了风，
我握紧了手掌。

风里有花香，
风里有鸟鸣，
风里有歌声。

我张开了手掌。
风是自由的精灵，
风从我指间穿过。

【紫雨赏诗】

风，无形又无色，它是神奇的精灵，它可以从任何它想穿越的缝隙间轻巧地走过。那缝隙的存在全凭你对它的感觉。你用手去感知，它就从你的指间穿过；你用耳朵去感觉，它就会从你的发间穿过……

【灵感记录簿】

聪明的你，当然知道，风除了可以从我们指间穿过，还可以：

从＿＿＿＿＿＿＿穿过，
从＿＿＿＿＿＿＿穿过，
从＿＿＿＿＿＿＿穿过。

你的心情决定着你从风中得到的是什么。风中有花香，有鸟鸣，有歌声，还有什么呢？仔细聆听，然后写下你的答案：

风中有＿＿＿＿＿。

　　风中有_____，

　　风中有_____。

　　风来了，好似被你捕捉了，但它马上会机灵地离开，所以我们称它为淘气的精灵。那么就和它玩玩捉迷藏的游戏吧。然后，你可以写下与风嬉闹的小诗。

＊五感之"嗅觉"＊

凝视一朵花

我愿久久地凝视一朵花，
从含苞到凋谢。

它展现着美丽，
就是生命的果实。

花朵，以它的芬芳，
浸润着我们的灵魂。

灵魂因花朵的美丽，
而和土地更加亲近。

【紫雨赏诗】

　　每一朵花都有它的灵魂，就是那特有的芬芳：或浓或淡，或清或烈。就像我们不同的人有不同的性格，花朵们也散发着自己独特的魅力。

　　久久凝视一朵花的人，灵魂会被那芬芳浸润。被花香浸润的灵魂是高洁的，因为摄取的是花之精华；被花香浸润的灵魂又是实在的，因为得到了花朵传递的泥土气息。

【灵感记录簿】

　　你的生命里，一定也有这样一种值得你关注的生命，它有怎样的气息呢？你的灵魂是否因此得到了浸润和滋养？

　　我愿久久地＿＿＿＿＿＿＿＿，

　　＿＿＿＿＿＿＿＿＿＿＿＿＿＿。

＊五感之"味觉"＊

苹果为秋天而低垂

苹果为秋天而低垂，
大地向它举起酒杯，
已经饮了太多的阳光，
已经饮了太多的春水。

从土地诞生，
又向土地复归；
初生时嫩青的苦涩，
已化作艳红的甜美。

【紫雨赏诗】

秋天是收获的季节，而低垂是一种成熟的姿势，是一种沉醉的回味。从"低垂"里，我们分明读到了累累硕果挂满枝头。这一切都是值得庆贺的，所以大地向它举起了酒杯，除了祝贺，还有很多的感谢，感谢阳光，感谢春水，感谢所有的滋养……

阳光无形，却有味！阳光的味道，只有每日沐浴阳光的苹果才知道。因为它已经光合于苹果的全身，温暖了苹果的皮肤、果肉乃至果核。在那里萌发着七彩的梦。

春水无色，却有情！春水的情谊，只有每天汲取春水的苹果才知道。因为它已经流淌于苹果的全身，滋润了苹果的枝干、叶脉和果实。在那里蕴育着成熟的甜。

苹果的姿态，更是一份感恩。开花时的芬芳，嫩青时的苦涩，风雨中的艰辛，艳红时的甜美……阳光、春水和土地见证着它的一路，也赋予了它生长的万千滋味。

【灵感记录簿】

秋日里，一定不只有苹果才会低垂吧。比如：

柿子、_____、_____、_____、_____。（水果）

稻穗、_____、_____、_____、_____。（庄稼）

它们在接受阳光、雨露和大地的祝贺，品味自己一路成长的滋味；它们以自己的方式对为自己成长有所付出的一切表示感谢。它们各有各的庆贺形式，可以有不同的伙伴，可以有不同的感谢，还有不同的回忆……因为它们有不同的色彩，不同的生长，不同的经历，也就有着不同的滋味……

你肯定也可以写出一首首"低垂"的诗。

2. 为诗歌插上翅膀——几种写作手法

* 叙述 *

　　叙述是文学创作最基本、使用频率最高的表述方式。可以使用叙述来陈述人物活动的过程，以及事物发展变化的过程和前因后果。

　　叙述时，可以使用第一人称、第二人称和第三人称。第一人称叙述给人感觉真实、亲切，适合于讲故事式地叙述事件。第二人称叙述可以使读者有一种参与感，能够紧紧抓住读者。第三人称叙述自由、灵活，可以多角度、多方位地展现人物与事件。

* 比拟 *

　　比拟就是把一个事物当作另一个事物来描述，它可以使读者展开想象的翅膀，使诗歌更为具体、生动、形象。

　　比拟时，可以将物拟作人，使物具有人的动作行为或思想感情；也可以将物拟作物，使诗歌更具艺术魅力。

* 借代 *

　　借代是一种不直接说出所要表达的人或事物，而是借用与它密切相关的人或事物来代替的修辞方法。例如，用"红领巾"代指"少先队员"，用"烽烟"代指"战争"等。恰当地运用借代可以引人联想，使诗句更精练，形象更突出，特点更鲜明。

* 象征 *

　　当我们想要描述一种抽象的概念、思想和感情时，可以用象征的手法，用一种具体的事物来代表它，例如用"天平"象征"公平""公正"，用"花朵"象征"春天"等。这种手法可以给诗歌赋予深意，让读者回味无穷。

狗尾草

那些红的野花，
紫的野花，
蓝的野花，
都没有了。
这儿，只剩下
一片青草。

别人都采到了花儿，
老师，我呢？
怎么？您就给我
揪这一把狗尾草！

我噘着嘴，
望着那一把狗尾草。
只见它在老师的手里，
扑棱棱，摇一摇，
扑棱棱，跳一跳，
一会儿，
变成了一只小狗，
送给我，我抿嘴笑了；
一会儿，
变成了一只小猫，
送给我，我拍手跳了；
一会儿，

又变成了一只小鸟，

送给我，我举着它，

到处飞跑！

……

从那天起，

我们也都喜欢狗尾草，

因为我们的小手啊，

也变得和老师的手

一样灵巧！

【紫雨赏诗】

　　诗，不只可以用来抒情，还可以像这样讲故事。这样一种有节奏的故事，往往让人物的情感跳跃更自由，更明快。你看诗中的"我"的情感是如何随着事件而表达出来的——由各式的花激发出一种欢快。可接着就出现了下滑：花儿都没了，只剩下草了。继续低落，老师只给了我不起眼儿的狗尾草，此时，"我"的情感可谓跌落至最低谷。然而，一切也由此处出现了转机：狗尾草在老师的手中开始"扑棱棱"。哇！变了，变了！小狗，小猫，还有小鸟……我开始笑了，跳了，飞跑……这样一个生活中的小情节，被如此细腻地讲述着，一份朴素的人生态度也被老师织进了狗尾草的造型里，被金波爷爷留在了字里行间。

　　狗尾草，本就是一种神奇的"花"。它没有忘记生它养它的草，保持了草妈妈一样的绿色，然后可能是因为太喜欢小狗那摇摇摆摆的尾巴，嘻嘻哈哈地就长成了一束束绿色的小狗尾巴，在野外，在路边，在不起眼的角落……它们的踪影随处可见，它们的生活快乐而逍遥。

　　其实，每一棵狗尾草都是一个可爱的精灵，只在于你是否能聪明地和它对话，和它合作出令人叹服的作品。就像老师那只灵巧的手：扑棱棱，摇一摇，摇出一只小狗；扑棱棱，跳一跳，跳出一只小猫……所有的狗尾草都会变身，变成大自然的另一种作品，它来自你的聪明，来自你的开心，来自你灵巧的双手。

【灵感记录簿】

　　"我"从老师那里得到的不只是狗尾草，还有与自然对话的技巧。你的双手是否也如此灵巧，能将身边不起眼的花花草草，塑成让人开心的作品？创作的过程是否也承载着你的一段情感起落？也许它只是：

　　一片芦叶，
　　一串野果，
　　一＿＿＿＿＿＿＿。
　　请你也用文字来叙述这段新的创造：

　　＿＿＿＿＿＿＿＿＿＿＿＿＿＿，
　　＿＿＿＿＿＿＿＿＿＿＿＿＿＿。

有一片绿叶沉默不语

树林沐浴着绵绵细雨，
每片叶子都拍响了湿漉漉的手掌，
树林换上了闪光的绿衣，
枝条迎着细雨也在加快成长。

只有一片绿叶沉默不语，
它蜷曲着把风雨阻挡，
在淅淅沥沥的雨声里，
它变成了一顶小小的篷帐。

你猜篷帐里住的是谁？
原来是一只七星小甲虫。
它欣赏着林中的雨景真美，
还有雨声陪伴它入睡。

那一夜雨声也滴进了我的梦中，
我梦见自己变成了一只小甲虫。

【紫雨赏诗】

一首诗，原来就是一个童话！

这是一首属于绿叶和小甲虫的诗，这是一篇有雨有篷帐、有梦有美景的
童话。

绿叶，仰面迎接绵绵细雨，它们在雨中是那样的欢快，那样的舒畅。得

到细雨的滋润，它们可以尽情地生长，用绿色把大树的生命歌唱。

　　可在如此热闹的树林里，有一片绿叶却沉默不语，悄无声响。因为它有一个秘密在心中，蜷曲的身体将一只小小的甲虫避藏。成为甲虫的篷帐，就是给了它一个世间最温馨的地方。只有"家"才会让人如此舒畅：既可以欣赏林中美丽的雨景，又可以在雨声的陪伴下进入梦乡……

　　这美好境界的创造者是一片绿叶！它为了小小的甲虫放弃了自己的成长，停止了自己的歌唱，蜷曲成爱的篷帐，将甲虫的生命点亮。

　　这是一个充满爱意的叙述，也是一份对生命意义的思考！

【灵感记录簿】

　　走进大自然，你会发现太多太多的花花草草，它们无声无息地改变着自己的模样：

　　一片蜷曲的树叶，

　　一丛打结的小草，

　　一朵变异的花儿，

　　＿＿＿＿＿＿＿＿＿＿，

　　＿＿＿＿＿＿＿＿＿＿。

　　它们将另一个生命的故事悄然地收藏，请你用诗记下自然界这些美好的协作，用诗来讲述一个美丽的童话吧！

窗外的麻雀

窗外的麻雀,
天天飞来叽叽喳喳,
像给我唱歌,
又像跟我说话。

小麻雀,很快乐,
树洞是它的家,
还有许多好邻居,
每天喂它面包渣。

小麻雀,很幸福,
人人都喜欢它,
每扇窗口都有笑脸,
美得就像一朵花。

小麻雀,很快乐,
有唱不完的歌,叽叽喳喳,
小麻雀,很幸福,
叽叽喳喳,有说不完的话。

【紫雨赏诗】

人，有自己交流的语言；麻雀，当然也有它们的语言。万物都在用自己的语言叙述着自己的所见所闻，表达着自己的所思所想。

窗外的小麻雀，叽叽喳喳，总有说不完的话。只有喜欢它的人才听得懂它们在没完没了地说什么。喜欢它的人，不仅知道它们住在哪儿，还经常喂它们面包渣。所以小麻雀就叽叽喳喳地将幸福播撒在每扇窗口。

原来只要用心，不用翻译就能听懂一门"外语"。这门"外语"没有文字，属于大自然的"共语"。只有用心的人才能听懂这无字的叙述，只有用心的人才能看懂这无字的表达。当你读懂了这份"共语"，你也就自然会用这样的语言来表达。

【灵感记录簿】

你的窗外，经常会有哪些特别的客人来访呢？你又是怎样热情地招待它的？想象一下，如果你的窗外来客是只鸟儿，你是否能叫出它的名字？它的叫声一定很特别吧：

窗外的＿＿＿＿＿＿＿，

天天＿＿＿＿＿＿＿，

像给我＿＿＿＿＿＿，

又像跟我＿＿＿＿＿。

你窗外的客人，也许不是飞来的，可能是：

＿＿＿来的，

＿＿＿来的。

只要你能听懂它的语言，分享它的快乐，它肯定和你有说不完的话。

石像俯视着我

古代石像很高大，
全身披着胄甲，
手里拿着长矛，
可惜不会说话。

石像俯视着我，
我也仰望着他，
就在我们的对视里，
我们的心也开始对话。

他向我回忆，
驰骋疆场，金戈铁马。
我向他讲述，
五月麦浪，七月菜花。

【紫雨赏诗】

信步名胜古迹，漫步城市街头，也许在热闹的市口，也许是公园的角落，你总能遇到一座又一座的雕塑。他们或站或坐，或起或卧，或高大或灵巧，或简洁或细腻……他们总在讲述着某个故事，注视着身边来来往往的人群，似乎更想聆听人群里的故事。那么就让我们迎着他们的目光，穿越时空，去与他们进行一次心灵的对话吧！

【灵感记录簿】

你曾遇到过什么样的雕像，用文字来描述一下吧：

_____。

高大威武的石像讲述着驰骋疆场、金戈铁马的曾经。你遇到的雕像讲述的是怎样的经历？你又有哪些事情要告诉他呢？

他向我回忆，_____。

我向他讲述，_____。

就这样，你读懂了立体的诗，也将你心灵的诗写在了那静立的雕像上。

梦 海

我好像做了一个梦：
梦见我的小床变呀变，
变成了一艘潜水艇，
到海里去观光游览。

海豚迎客，无比热情，
海马起舞，轻盈柔曼，
礁石上排列着海星，
五彩珊瑚，如梦如幻。

海底世界，美妙神奇，
我醒了，仍像在睡觉。
我本要独享这次奇遇，
却没想到是我自己泄了密。
看，我的头发里夹带着贝壳，
还有几根翠绿的海草！

【紫雨赏诗】

做梦也可以写成诗？对，梦原本就是一首诗！无论你是否见过大海，都可以用这样的方式与大海亲密接触一下！见过的人因难以忘怀而入梦，未见过的人因向往而入梦。每个人梦见的大海都是属于自己的。

【灵感记录簿】

金波爷爷在梦中是乘着"小床"这艘潜水艇出发的，你也可以将身边熟悉的事物变成任意一种你需要的"下海"工具哦！比如——

睡衣——潜水服，

玩具船——远航巨轮，

文具盒——游览快艇，

旅游鞋——_____，

_____ ____ _____。

只要你想去大海，你可以随时随地找到为"梦"所用的东西。你想潜多深就潜多深，你想游多远就游多远，这跟你的能力毫无关系，你只管跟着自己的梦任意遨游。把你所想到的情景写下来吧：

_____，

_____。

别忘了，还可以让这场美梦留下点儿"证据"哦！金波爷爷的头发里夹着"贝壳"和"海草"。你呢，带回了什么？

笑的花朵

冬天，我把笑播撒在山野，
寒风扬起尘土把它掩埋，
又有雪把它覆盖。

当春天到来，雪融化了，
还有小雨滋润着，
我的笑就会发芽开花。

它开放的是野菊花，
金灿灿的，像笑的颜色，
仰望着太阳。

它开放的是风铃花，
丁零零的，像笑的声音，
呼唤着鸽哨。

它开放的是九里香，
香喷喷的，像笑的芬芳，
引来了蜜蜂。

我希望有许多许多人，
来采撷这山野的花，
把快乐带回家。

【紫雨赏诗】

笑，是有形的，它常常呈现在不同肤色、不同年龄、不同性别、不同身份、不同职业的人的脸上。

笑，是无形的，它常常活现在不同时间、不同地点、不同心情、不同场景的人的脑海里。

如何将这神秘而又多彩的"笑"定格，如何将这温馨而又多姿的"笑"延伸？金波爷爷竟然想到了"播种"！像播种花儿一样"播种"笑！这样的构思，来自"笑脸如花"的比拟，将不同的笑比拟成了多彩的花儿，于是就有了如此精妙的诗！

【灵感记录簿】

原来笑除了有声音，还有颜色，还有芬芳，它还可以像种子一样播撒，让人感染你的快乐。它会生根，它会发芽，会开出色彩斑斓的花。把你的笑，找个需要美丽和快乐的地方播撒吧：

荒凉的山野，

无边的沙漠，

贫瘠的山顶，

茂密的森林，

＿＿＿＿＿＿＿＿＿＿＿＿＿＿＿＿，

＿＿＿＿＿＿＿＿＿＿＿＿＿＿＿＿。

当春天到来，雪儿融化，你的"笑"又会生长成什么呢？可以和金波爷爷的笑一样开出五彩的花，也可以长成一棵棵树，甚至孵出你所心爱的动物：

＿＿＿＿＿＿＿＿，

＿＿＿＿＿＿＿＿，

＿＿＿＿＿＿＿＿。

会飞的花朵

蝴蝶，蝴蝶，
你飞过田野，飞过山岗，
在我们春天的土地上，
到处有鲜花开放。

红的花，黄的花，紫的花，
汇成了鲜花的海洋，
蝴蝶从这里飞过，
张开了五颜六色的翅膀。

蝴蝶，蝴蝶，
你像会飞的花朵，
你飞呀飞，飞向远方，
远方也是鲜花的海洋……

【紫雨赏诗】

　　蝴蝶飞不出花的海洋，因为那些花原本就是它的故乡。花儿把自己的梦放飞于自己创造的海洋，朝着更远的地方起航。

【灵感记录簿】

　　蝴蝶与花之间的故事太多太多，多得就像世间的花蝴蝶和蝴蝶花一样多。你肯定也遇到过其中的一朵两朵或一只两只。台湾的诗人林焕彰也写过"花是不会飞的蝴蝶，蝴蝶是会飞的花"。

　　其实世间相像的美丽还有很多很多。比如：

蝴蝶——花朵，花朵——蝴蝶。

＿＿＿＿＿——云朵，云朵——＿＿＿＿＿。

＿＿＿＿＿——鱼儿，鱼儿——＿＿＿＿＿。

＿＿＿＿＿——鸟儿，鸟儿——＿＿＿＿＿。

＿＿＿＿＿——叶儿，叶儿——＿＿＿＿＿。

＿＿＿＿＿——汽车，汽车——＿＿＿＿＿。

有多少这样的联想就有多少美妙的诗。

白天鹅

从天上飘来一朵云，
飘落在湖心。
是一只白天鹅，
它在等待谁？

从天上又飘来一朵云，
飘落在湖心。
还是一只白天鹅，
它在寻找谁？

两只白天鹅游在一起，
像爸爸妈妈那样亲；
我愿变成一只小天鹅，
紧紧地跟随着它们。

【紫雨赏诗】

明明是两只白天鹅，却为何直接被说成了"云"？

哦，原来它们都来自"天上"，原来它们都是白色，原来它们都是"飞"来的……

白天鹅和白云之间的相似点太多了，相似点越多的两个事物，越适合用比拟的手法来描写。

"天"可真是神奇哦！你想要什么就能从那里得到什么，因为你的"心"就是一片自由的天空。当然，你看到什么，认定它们就来自"天上"，也是可以的哦。

【灵感记录簿】

从天上飘来一朵白云，先去看看你的云飘落在什么地方：

落在草原上，它是_____；

落在小河里，它是_____；

落在农田里，它是_____；

除了白云，我们还可以换换其他的颜色：

从天上飘来一朵_____云，

飘落在_____，

是_____，

它在_____。

你可以让自己的"天空"中那五彩的云都飘落下来。飘落多少，飘落后，你想让它们做什么，可都是你的自由哦！自由可以让你的"比拟"超级精彩，自由的想象会让"天空"的朵朵云彩变成首首有趣的诗。

云

蓝天蓝，像大海，
白云白，像帆船。

云在天上走，
好像海里漂帆船。

帆船，帆船，
你装的什么？
走得这样慢。

不装鱼，
不装虾，
装的都是小雨点。

雨点，雨点，
请你快下来，
帮我浇菜园。

【紫雨赏诗】

　　相信你早就会唱这首歌了，那份快乐，那份轻松，就像云儿自由飘荡在天空，那么惬意，那么随性。

【灵感记录簿】

　　学着金波爷爷，为诗歌找到两个有特别关系的事物，一个要大得无边无际，一个要小得轻松自在。比如：

　　蓝天——白云，

　　森林——_____，

　　_____——羊（马、牛等），

　　大海 ——_____，

　　_____ —— _____。

红雨伞

绵长的烟雨笼罩着街道，
檐溜叮咚，滴落着寒冷。
乳燕早已坐暖了它的巢，
这样的雨天不属于飞行。

窗玻璃上凝住了双眼，
不知是期盼还是失望。
雨中的家似乎已很遥远，
但还闻得见一股股饭香。

忽然母亲的红雨伞飘来，
像一朵红花在雨中盛开。
那是最令人欣喜的色彩，
红雨伞像亲情暖暖的火，
红雨伞像飞进心里的歌，
红雨伞是我永不迷失的星座。

【紫雨赏诗】

雨伞，用来遮挡阳光和雨水，这个功能使它具有了特殊的意义。"风雨"可以实指自然风雨，也可比喻为人生经历的坎坷，雨伞既可以遮蔽自然界飘落的雨水，也可以在复杂的人世间为你撑开一片无雨的空间！

红色，是自然界中一缕鲜亮而温暖的色彩，然而，正因为它如花一样鲜艳又温馨，如火一样欢快又温暖，让它具有了亲人般的体贴和关爱。

红雨伞，一个温馨的意象产生了，它代指人生中一个温馨的角色——母亲！

想想看，这样的情景是否非常熟悉：就在你最需要的时候，母亲举着雨伞出现了。也许你的母亲举的雨伞不是红色的，但最重要的是你能从中读到母亲的那份情。这就是诗可以被每一个孩子读懂的原因：人各不相同，雨伞各不相同，但人世间的真情是相同的。

【灵感记录簿】

由此推及其他，你的记忆里是否有这样的物件，它总在你最需要的时候出现，总是伴随着一个你最亲密的人出现，或许是一把伞，或许是一辆车……它给你带来的不只是方便，更多的是一份世间真情。也许你平常没有注意到它的存在，但没有它时，你就会感到"寒冷"，充满"失望"的情绪。

找到这个人和这件物，一首饱含真情的诗会自然流淌自你的笔端：

_____，

_____，

_____，

_____。

一朵花是一个家

一朵花是一个家，
舒适而美丽，
永远飘散着一种香味，
如母亲的气息。

家里常常有客人来访，
有蝴蝶，有蜜蜂。
它们留下一支歌，
或者一个梦。

梦见一个硕大的果实
挂在枝头。
一朵花是一个家。
这个家很富有。

【 紫雨赏诗 】

看诗题，就是一句极具象征意义的禅语。

佛家的《华严经》说："佛土生五色茎，一花一世界，一叶一如来。"意思是：从一朵花里就可以看出整个世界，用一片叶子就能代表整棵菩提。一朵花就是一个宇宙，一朵花就是一个家。但凡有生命之物，都有属于自己的世界，而这个世界如何经营，当然取决于主体。

作为"家"的这朵花其色彩、其芬芳、其气息都是由日夜为家操持的母亲而决定的。

心在何处，何处就是你的家。无论你的家是豪华的牡丹，还是平凡的野菊；无论你是如蜡梅一样盛开在冰天雪地，还是像莲花一样盛开于烈日炎炎；无论你是如郁金香般五彩斑斓，还是似水仙花般清幽淡雅，只要蕴含母亲的气息，就能让你漂泊的灵魂得以安宁。

散发的是香味，引来的是甜美。只要你绽放，定然就有人来欣赏：蝴蝶、蜜蜂，给你带来更多芬芳的气息，金龟子、小蚂蚁又何尝不能给你带来另一朵花的梦。只要有梦想，你就会成为一个精神上的富翁。

【 灵感记录簿 】

花朵——家（母亲的气息）——访客（歌和梦）——果实（收获）。

顺着这样简洁的思路，慢慢谱写下来，就是一首诗。从你自己的角度，找到一个可以代表"家"的事物，完成你"安家"的创作吧：

_____，

_____，

_____，

_____。

第 部分

在金色的诗行间散步

红屋顶

那时候，您的家，
就在这小镇上，
就在这深深的小巷中。
房子很老、很老，
老过您的年龄，
屋顶上，长着瓦松。

它只需要些微的泥土，
就有不衰的生命，
春天发芽，夏天开花，
秋天像火一样红。
从很远很远的地方，
就能看到您的红屋顶。

因为爱您，
也爱您的红屋顶，
和屋顶上的瓦松。

【紫雨赏诗】

　　在小镇那深深的小巷中有个特别的红屋顶。它特别在上面长满了特别的瓦松，那是在些微泥土里不衰的生命；它特别在下面住了一位"所爱之人"，那是一位很老的人，只有很老很老的红屋顶，才能比老人的年龄还大。这是一位怎样的老人，他为何如此被人牵挂？正是因为这位特别的人，红屋顶和瓦松才更显特别。

俯身望着这朵小花

俯身望着这朵小花，
孤单单的，只一朵，
想摘，又舍不得。

红得像盏小灯笼，
亮亮的，一闪一闪，
点燃着芬芳的火焰。

是太阳染红了你吗？
是泥土给了你香味吗？
是春风教你舞蹈吗？

我们相约：
等你结了种子，
就乘风飞到我家。

【紫雨赏诗】

采花莫如采集种子。因为采花，是让花儿夭折了，而采集种子，是帮它延续和传播，你就成了它生命的使者。一朵小花能引发对生命的思考。同样是对美丽的花儿表达爱意，你可以选择一种最为尊重的方式。

又见榴花似火

又见榴花似火，
芬芳在枝头燃烧；
记忆也被点亮了，
夏天又爬上树梢。

风把芬芳的火苗，
吹得更加妖娆；
燃烧才是生命，
燃烧才是欢笑。

【紫雨赏诗】

　　一年一度，花开花落，四季轮回。每次与花儿的相见、作别都会让我们对生命有新的感受和理解。榴花的色彩和芬芳是属于火热的夏天的。"似火"的比喻一直在延伸，从风中的"火苗"，延伸至"生命"和"欢笑"的状态——燃烧。围绕着"似火"一下子将榴花说透。

　　当然，属于夏天的花儿不只有它；花儿也并不只属于夏天。只要你在某种花里有所发现，一定也能将自己与它的相遇变成一首诗。

小野菊

是一朵小野菊，
点亮了这初春的白昼，
它比天上的太阳，
更温暖，更娟秀。

天上的太阳太高太远，
小野菊就开在身边。
我把脸儿俯下来，
和它交谈起春天。

小野菊是从泥土里
生长出来的太阳，
它比天上的那一颗
更香甜，更明亮。

【紫雨赏诗】

若问小野菊和太阳谁的能量更大，答案不言而喻，因为它们的差距实在太明显了。可为什么对于"我"来说，小野菊比天上的太阳更温暖呢？那是因为小野菊就开在"我"身边，只要一俯身，就可以和它交流春天的信息，而太阳则像一位遥不可及的陌生人。

小野菊的能量还来自泥土，它是泥土里生长出来的"太阳"，我们可以感受到它的生命力。

你的身边是否也有像小野菊这样"小"的人和事物？也许在别人眼中他们微不足道，而你却能因为亲近而感受到他们的能量。你也可以尝试把他们写进诗中。

青翠的浮萍

推开窗子，
我看见了你：
窗外流水的小河，
河上漂浮着青翠的浮萍。

我来到河边，
望着、望着，
不知是浮萍在变大，
还是我在变小，
我躺在浮萍上，
随风向着远方漂。

漂向不知名的小岛，
那里有绿树环抱，
每一片叶子，
都能变成小鸟，
每一只小鸟，
都唱着我们熟悉的歌谣。

在抵达小岛的一瞬间，
那一叶浮萍，
忽地变成一棵绿树，
而我，已变成
树上的一串风铃……

【紫雨赏诗】

　　浮萍，一个随波漂流的精灵，承载着你的想象漂向远方，抵达小岛。在那里，你遇到绿树，还有树叶变成的小鸟；在那里，你聆听自己熟悉的歌谣，不知不觉间，变成了一串风铃……一切皆有可能发生，所有事情都是那么美好。你是否也想象过这样的漂流，那是一番怎样的奇遇？

别碰蒲公英

别碰蒲公英，
它等待着
秋天的风。

秋风年纪老了，
它走得很慢，很慢，
再不能驰骋。
它在山野上
走了很久，很久，
它在寻找着蒲公英。

它们相逢在一起，
就缓缓地飞行，
一起飘落在
山林里，
河谷中。

就在那儿，
等待着春天，
等待着花的欢聚，
等待着甜甜的笑容。

蒲公英，
像孩子，又像母亲，

它喜欢旅行，
又喜欢播种。

别碰蒲公英，
它属于秋天的风，
也属于春天的风。

【紫雨赏诗】

"别碰……"里包含着太多太多的喜欢，太多太多的呵护，还能隐约感受到一种耐心的期盼。嘘——别碰！

别碰蒲公英，因为它属于秋风，也属于春风。秋风带它远行，带它播种；春风带给它欢聚，带给它笑容。而在此之前，它们都在相互等待，相互寻找。别人的"碰"会破坏它们之间的契约。和秋风一起飞行才是蒲公英生命中最精彩的旅程。如果你喜欢蒲公英，就和它一起耐心地等待吧，你会欣赏到它们飞扬的那一刻，这样的欣赏才是真正的爱！

黑蝙蝠

黑蝙蝠扯起缕缕晚风，
整夜纺织一张夜色的网，
打捞古塔上风铃叮咚，
如遥远而又亲近的晚唱。

千百年风铃里有一首首歌，
一首首黑蝙蝠珍藏在心。
晚风每夜都把风铃打磨，
岁月也不能锈损它的声音。

就这样黑蝙蝠整夜地飞，
用它的翅膀把夜色擦拭，
直到星月悄悄地隐退，
迎来一个霞光满天的日子。

黎明时黑蝙蝠回了家，
只有三塔风铃记得它。

【紫雨赏诗】

这首诗读来像是一则美丽的童话，又像一则令人深思的寓言。用心吟读，让自己的心随着黑蝙蝠穿梭在黑夜里，找到那份夜行的孤独。

夜色初降，晚风习习，远处传来古塔上的风铃声，黑蝙蝠开始今天的旅程。这原本是傍晚时分大家常常遇到的情景，而有了诗人的心，你便可以将它们组合成一个动人的传说。塔的远古就有了风铃千百年的沧桑，在黑夜里穿行的除了它的声音，还有那夜的精灵——蝙蝠。它"扯起晚风""纺织夜色""打捞铃声""擦拭夜色""迎来霞光"……所做的一切，都有那幽幽的古塔铃声相伴。所以它成了古塔风铃对于夜的记忆，古塔风铃也成为了它的知音。

黑 蝴 蝶

也许是习惯，
森林里的幽暗，
才穿一件
黑色的衣衫。

忽然，一阵风
把它吹出了森林，
在阳光下，人们才发现
它的色彩是这样斑斓。

蝴蝶发现了世界，
世界也发现了蝴蝶。

【 紫雨赏诗 】

　　"黑蝴蝶"在幽暗的森林里很难被发现，而它也已经习惯于羞涩，习惯于隐藏，习惯于不被发现的安静……我们自己也往往习惯于日常的生活，将自己悄然地融进普通的日子、平凡的人群。然而，生活终究会有一些变化，让你走出习惯的空间，将你的更多色彩呈现在阳光下。像蝴蝶来到森林之外的世界一样，你也有了一个全新的"舞台"，这个舞台也会因为你的出现而多一抹独特的色彩。

红 蜻 蜓

低低地飞，
低低地飞，
你这红蜻蜓，
你丢失了什么？
飞得这样低，
飞得这样低。

草坪里，
铺着嫩绿。
花丛里，
漫着香气。
湖面上，
闪着涟漪。

红蜻蜓，
你丢失了什么？
是被晒干的露水，
还是雨天的记忆？
你低低地飞，
低低地飞。

你也许没有找到
你丢失的东西，
你飞得倦了，

伏在我家的竹篱上，
静静地休息。

我悄悄地，
悄悄地，
走近了你，
一把捏住了
你透明的双翼。
红蜻蜓，
你多么美丽！

天，下起了小雨，
一滴，一滴，
提醒着我，
快快回家去！

我刚刚跑回家，
窗外就下起了大雨。
我把红蜻蜓
放在绿纱窗上，
它望着窗外
迷迷蒙蒙的天地。
难道它还在寻找
寻找它丢失的东西？

妈妈，是您告诉了我，
它在寻找丢失的爱，
那世间最珍贵的东西。

雨过天晴。
我推开窗子，
放走了那红蜻蜓，
让它飞向
晴朗的天空，
开花的土地……

【紫雨赏诗】

晚霞中的红蜻蜓，
请你告诉我，
童年时代遇到你，
那是哪一天……

这是一首多么优美的歌，就像有一只红蜻蜓舒缓而优雅地在心间飞翔。读这首诗，耳边就会有这样的旋律飘荡。

红色的蜻蜓，是草坪和花丛中的精灵。它吮吸叶间的露珠，寻找昨夜星光的故事；它轻点清澈的湖面，告诉鱼儿飞行的快乐……它飞呀飞，找呀找，将自己和别人的故事编排成迷人的舞蹈，却不小心被人捉到。妈妈让我明白了，真正的爱是尊重。于是"我"把对红蜻蜓的占有变成了有尊重的爱。

尊重每一个生命的权利，才是最难能可贵的爱，你是否能做到？

烛光里的鱼

时间披上一袭黑色的衣衫，
夜，来了。

心，自由自在地漂游着，
如看不见的鱼。

点一支红烛，
看见自己的影子投在墙上。
（那是我吗？）

面对烛光里的鱼，
如水中的花，
我看见了自己的心在开放。

【紫雨赏诗】

　　鱼儿在烛光里游弋，这幅画面宁静又神秘，让人的心思也随之自由地飘荡。
时间、心思，原本无形，却可以用诗将其捕捉。你不妨也试一试。

其实并没有风吹过

其实并没有风吹过，
小花仍从枝头飘落，
没有说一句告别的话，
沉默是一首深情的歌。

只为另一种生活，
只为另一种快乐，
只为落花后面是果实，
小花从枝头飘落。

【紫雨赏诗】

"夜来风雨声，花落知多少。"是我们每个人都会背的诗句，它好像告诉我们花落是因为那一夜风雨。因为我们太过喜欢万紫千红的花朵，所以常常会对风雨心生埋怨。金波爷爷却有另一种发现，原来即使没有风吹过，小花也会从枝头飘落。"落花后面是果实"是一种必然，人们将这种自然而然的必然叫作"规律"。花儿飘落之后，枝头就会挂满果实，随之而来的是一番丰收的喜悦……只要你发现了其中的秘密，你就成了大自然的知音，你就能读懂生命的故事，当然也就能和金波爷爷一样写出像自然一样美的小诗来。

晚风藏在花丛里

晚风藏在花丛里，
不再呼哨，
不再吵闹，
像睡着了，静悄悄。

其实它和花丛在说话：
我想有间屋，
我想有个家，
我想有个爸爸和妈妈。

绿叶红花一齐回答：
绿叶当你的爸爸，
红花当你的妈妈，
这片花丛就是你的家。

【紫雨赏诗】

　　夜晚，我们都回家了，风儿该去哪里？当我们躺在妈妈怀里的时候，它还在外面"呼哨""吵闹"，原来它无家可归。有时，我们回家，鸟儿回家，也听不到它的声音了，原来是绿叶红花收留了它。哦！也许改天，它又会跑到另一个地方呢！

风儿的家

没有声息的风，
很寂寞，很冷清；
吹响了那串风铃，
风像获得了新的生命。

风铃说：风啊，我愿做你的家，
请住进我的心中；
你给我快乐的歌，
我给你宁静的梦。

【紫雨赏诗】

风儿没有家，它四处溜达，有时漫步田野，有时穿过树林，就是为了找个人说说话，拥有一个幸福的家。风铃听到了它说出的最动听的话，让它不再冷清，不再寂寞，从此拥有一个洋溢着快乐歌声的家。风儿住进了风铃，从此风儿的生命有了新的意义，风铃的生命也更加灵动。它们的合作是一个童话般的梦。

动物有家，植物有根，可世间还有许许多多的事物不知来自哪里，又将去向何方，比如，淅淅沥沥的雨、纷纷扬扬的雪、一路奔波的水、静思默想的山……它们是否也像风儿一样寻找过自己的歌、自己的梦和自己的家呢？

听雨

无论是大雨点儿跳，
还是小雨点儿闹，
都是亮晶晶的雨孩子，
在奔跑，在舞蹈。

我不想偷看雨的游戏，
却宁愿静听雨的欢笑，
叮咚，跳上了草地，
叮咚，跳上了树梢。

雨，玩累了，
就流进了土地的怀抱；
雨，停息了，
就陪伴着种子睡觉。

雨过天晴，我听见：
花吹喇叭，鸟唱歌谣。

【紫雨赏诗】

我们常常听人说，诗歌是有韵律的。如果你大声地朗诵诗歌，就能感受到一种语言的节奏，或优雅，或欢快，一如音乐的节拍。这就是所谓的"律"啦！而"韵"在何处呢？它就悄悄地藏在你朗诵时的"朗朗上口"中。韵在古诗词中是必须讲究的，而在现代诗歌中，不做太过严格的要求。可一旦某首现代诗中也有了明显的"韵"，那么我们读起来就有了不一样的美感。比如金波爷爷写的这首小诗《听雨》。你若大声朗读出来，便会发现节奏是那样的欢快流畅，而且总能感受到一种愉悦在随着节奏舞蹈。为什么呢？就是因为金波爷爷用了"押韵"的技巧。"韵"往往表现在诗行的最后一个字上，韵母相同的字，我们就称之为同韵。诗歌就用它们来押韵。相同的这个韵母就叫这些字的"韵脚"。聪明的你，能找出这首中押韵的字，并说出它们的"韵脚"吗？

伞

我被截留在大树下，
躲避一场骤雨狂风。
大树也挡不住
那么多雨滴——
叶子小，又稀疏，
雨点大，又沉重；
每一滴雨，
滴下的都是焦急，
滴下的都是寒冷。

忽然，一把伞，
伸向我的头顶。
那位高擎雨伞的人，
只说了一句"一起走吧"，
那声音，
像姐姐的一样轻柔，
像母亲的一样深情；
她只说了那样一句话，
就吹去了我心头的阴云，
她的话，像一阵暖风。

我们并肩走着，
我仰望着蓝色的伞顶，
像晴朗的天空；

伞的四周，

挂着亮闪闪的雨铃。

我们共同

擎着一把伞，

像擎着一座

小小的屋顶，

挡住了雨，

挡住了风；

我们在伞下走着，

就像回到了

自己的家中，

没有了焦急，

也没有了寒冷……

【紫雨赏诗】

    这是一个多么平常的故事。每一个人都有可能是被截留在大树下的那一位，也都有可能是高擎雨伞的那一位。需要别人帮助和帮助别人的情况，会发生在每个人的身上。

    我相信诗中的"我"，下次擎着雨伞路过树下，看到树下正感受焦急和寒冷的人时，也一定会把自己的伞伸向那个人的头顶。

    从需要别人帮助的角度来感受，自然也就会在别人需要的时候给予帮助。在生活中有很多这样的例子，你是否还记得自己在何时、何地得到过什么人的帮助？不忘记别人的帮助，也给人帮助，这个世界就会没有焦急和寒冷。

黑 雨

如果落下的
是一场黑雨，
那就像倾下了
一个湿淋淋的黑夜。

我们被黑雨淋湿了，
彼此都消失了踪影，
这世界只剩下
黑色的雨声。

但是，当雨过天晴，
阳光会洗去污垢，
我们彼此还会发现，
眼睛里闪现着彩虹。

【紫雨赏诗】

　　黑夜，原来就是下了一场黑雨。就像有个调皮的画家把一切都涂成了黑色，让一切都消失了踪影，捉个迷藏，躲个猫猫……

　　既然这样，我当然也可以让雨下成绿色：

　　　　如果落下的
　　　　是一场绿雨，
　　　　那就像倾下了
　　　　一座湿淋淋的森林。

　　世界并不是只有一种颜色，如果你有信心，也可以在你想象的世界里来这么一场雨！

雪天，我领着我的小狗

雪天，我领着
我的小狗，
从冰上走过。
小狗也会叹息，
它说，很寂寞。

冬天，又冷又饿，
丢失了绿叶，
丢失了花朵，
也丢失了
明亮的小河。

是的，就是脚下
这条结冰的小河，
夏天，曾溅起
多少快乐！
我在河里游泳，
小狗就卧在岸上，
承担着为我
看守衣服的职责。

现在，是冬天了，
天空又飘起了
纷纷扬扬的大雪。

可是，寒冷
冻结不了热的心，
冻结不了热的血；
我们在雪中，
追逐着，打雪仗，
我们去滑冰，
冰上旋转着快乐。

我们还用洁白的雪，
用温暖的手，
精心地雕塑，
塑出我们那位
年轻漂亮的老师。
希望她和我们在一起，
听我们的笑声，
和我们一起分享
童年的快乐。
冬天的风雪，
挡不住我们的笑声；
孩子的笑声，
就是最动听的和平的歌。

雪天，我领着
我的小狗回家，
我们从冰上走过。
小狗不再叹息，
它说，很快乐。

【紫雨赏诗】

读读诗的第一节，再读读最后一节，你就能发现小狗情绪的变化，这同样是狗狗主人情绪的变化。来的时候"很寂寞"，回去的时候变得"很快乐"。

这其间究竟发生了什么？原来脚下的河有着我和小狗太多的故事：夏天、冬天……只要你有热的心、热的血，风和雪都会成为动听的歌！

你是否也有小狗这样的伙伴，也许它是一只猫，一只小兔，一只鸟，甚至是一只玩具熊……你是否也有一个像小河一样流淌着童年回忆的地方，也许是一座小山头，也许是一个小池塘，也许是一片葱绿的草地，也许是一片美丽的林子……你是否记得你和你的伙伴在这样的地方都做了些什么？你可以试着把你们的故事写下来，记下你的"寂寞"和"快乐"，记下你的"忧愁"和"向往"。

愿站成一棵树

只有走进林中，你才能
真正地理解鸟儿的叫声。

那是被晨光唤醒的声音，
那是被露水润湿的声音，
那是被花香浸染的声音。

唱的是，树与树的故事，
唱的是，叶与叶的亲昵，
唱的是，花与花的秘密。

愿站成一棵树，为的是
真正地理解鸟儿的叫声。

【紫雨赏诗】

　　愿站成一棵树的原因是什么？只为能真正理解鸟儿的叫声。走进林中最
自然的方式就是成为林中的一部分，一棵树是多么美妙的选择。那样鸟儿就
不当你是来客，而是伙伴，是朋友，它就会用被晨光唤醒、被露水润湿、被
花香浸染的声音，为你讲述树与树、叶与叶、花与花之间的故事。其实世间
还有很多事物值得你去聆听，去理解，愿你能用不同的方式去理解不一样的
声音，读到不一样的故事。

小树谣曲

小树，
在春风里摇，
绿了嫩芽，
绿了树梢。

小树，
在春风里摇，
红了花蕊，
红了花苞。

它召唤来
爱唱歌的小鸟，
和它说：
等我长成大树，
狂风来了，
也吹不倒；
你就在
我的枝叶间，
筑一个温暖的巢。

【紫雨赏诗】

谣曲，是可以哼唱的。这首谣曲充满了童年的快乐，谣曲里的许多东西都是小小的。小小的树，小小的鸟……小小的东西总是要长大的。比如小树，就在春风里长，长着长着就长出了嫩芽，绿了树梢；长着长着就红了花苞，长出了花蕊；长着长着就会遇到朋友；长着长着就会长成一棵大树；长着长着就能给别人带来温暖……

你是否也有一个喜欢的小小的事物，它的长法可能与"小树"不同，它的色彩和形态也有它自己的特点，它给朋友带来的感受可能也不太一样：可能是温暖，可能是芬芳，可能是甜美，可能是……但我相信它一定也在吟唱一首快乐的谣曲。

老槐

我们都喜欢叫你老槐。
一棵枝繁叶茂的老树，
当五月春风轻轻吹来，
槐花满地，铺一条路。

告诉我，谁是植树的人，
还是哪一只鸟衔来树种，
为我们铺下这浓浓绿荫，
成为校园里的一道风景。

围着老槐垒一圈石椅，
背靠老槐我们谈心歌唱，
老槐最知晓我们的秘密，
一圈一圈都印在年轮上。

老槐是我们一代代人的朋友，
它的花香它的绿荫永驻心头。

【紫雨赏诗】

　　你的校园里是否也有这样一棵倾听你们谈心歌唱的树？你可知道它的来历：它从哪里来？谁种了它？你可知道它在哪个季节最美？你可曾将自己的秘密告诉它？哦，也许它不是一棵树，可能是一朵花，一片草地，甚至可能是一块石头，一面特别的墙……它们用自己的年轮、芬芳、叶片、缝隙……各种特别的方式记住了你，你也拿起手中的笔，将它留在你的记忆里吧！

白花树

因为不知道你的名字，
就让我叫你白花树。
春天当你的花朵盛开时，
就像点亮了满树白蜡烛。

春天因你而闪闪发光，
笑脸因你而更加明媚，
微风因你而飘送芬芳，
日子就像缓缓的溪水。

白花树变成了一幅画，
引来了那么多赏花人。
白花树从此有了一个家，
它的根连着无数人的心。

名字也许并不那么重要，
让人怀念的名字最美好。

【紫雨赏诗】

　　我们常常会因为路边的某一棵树而感慨，就像我们在人群中突然遇到一位美丽的人，他点亮了我们的视野，成为行程中美丽的风景。有的树是我们熟悉的，闭上眼睛都知道它枝叶的形态、花的颜色，它就像身边的老朋友。有的树却是陌生的，我们不了解它故事的来龙去脉，它就像旅途中新结识的伙伴。然而名字真的并不那么重要，我们可以用自己喜欢的方式记住他们，让他们最为鲜亮的形象印在自己的记忆里。就像诗中这棵白花树，盛开时如蜡烛一样点亮整个春天的白花，记忆里它就是一幅美丽的画！白花树也因为人的欣赏而有了家——住进了那颗欣赏它的心灵。

倒下的树

纵然倒下来，
还要活着；
为听鸟儿唱歌，
长出无数的耳朵。

树和鸟，
毕竟在一起厮守过。
树曾经站立着，
等待鸟儿
飞起、
飞落。

【紫雨赏诗】

树，应该是站着的，应该有许多鸟儿与它一起度过许多快乐的日子，应该聆听鸟儿婉转动人的歌声，欣赏鸟儿飞起飞落的舞蹈，应该细数着季节的轮回，应该有自己的枝繁叶茂。可那都是"曾经"的事了！它现在是一棵倒下的树，失去了以前的正常姿态。可有一种信念支撑着它，让它虽然倒下却并没有死去。它以一种特殊的方式活了下来，绽放着生命的美丽——长出无数的耳朵——神奇的木耳。这样它就可以倾听曾与自己厮守的鸟儿们的歌唱。这是童话，是金波爷爷从现实生活中读到的童话。你是否也有这样一双阅读现实世界童话的眼睛？折断的花、破碎的网、折翅的蜜蜂……这些不是以正常姿态存在的事物身上都有童话，你看到了吗？

通红的柿子

每天、每天，
都有三片、两片
穿着红袄的柿叶，
去把秋风追赶。

当秋季的最后几天，
光秃秃的柿子树上，
不留一片叶子时，
我看见：还有一个
通红通红的柿子挂着，
它把树枝儿压弯。

一个孩子说：
如果秋风把它吹下来，
它一定会摔得很疼很疼。

另一个孩子说：
我希望再也别刮风，
就让它在树上过一冬。

还有一个孩子说：
我希望在一个秋天的晚上，
它变成一盏小小的灯。

一位老爷爷却说：

它会变成一颗小小的太阳，

给你们洒下甜蜜的光。

【紫雨赏诗】

秋天里，树叶凋零，光秃秃的树上只剩下一个通红通红的柿子，相信从它身边走过的人千千万万，看到它的人也成百上千，但为它担心的人却不多，由它而产生联想的人也不多，能写出诗来的人更不多。诗属于有灵性的人，他们感觉柿子会像人一样被摔疼；诗属于有美好愿望的人，他们祈祷再也别刮风，让柿子能在树上过一冬；诗属于会联想的人，他们将柿子看成一盏小小的灯；诗属于点亮人们心灵的人，他们能看到枝头柿子给孩子们带来阳光般的甜蜜……就是这样的一群人，让世界充满了诗情；就是这样的一群人写出了一首首动人的诗。如果你也是其中的一位，你就能随时随地发现大自然书写的诗。

合欢树

一棵开花的合欢树，
点亮了满树的红蜡烛，
今天有一对鸟儿结婚，
它们收到许多珍贵的礼物。

合欢树上，
弥漫着淡淡的清香，
伴着清香，
有微风把叶笛吹响。

合欢树的叶子，
像轻柔的羽毛，
在微风里，
轻轻地摇。

从远方飞来的小鸟，
献上自己华丽的羽毛，
为新婚的小鸟，
铺一个舒适的巢。

当黑夜来临，星光闪耀，
新婚的鸟儿要睡了，
合欢树的叶子，
就闭上它们的睫毛……

【紫雨赏诗】

　　合欢树就像一个华丽的舞台，无论是像红蜡烛一样的花，还是像羽毛的叶，都成了一对新婚鸟儿爱情故事的背景。树和鸟儿之间是那样的默契，它们已经融为一体。

　　合欢树有千千万万，在它们这精美的舞台上上演的故事肯定还有千千万万，一切世间真情都可以在这里被人欣赏。

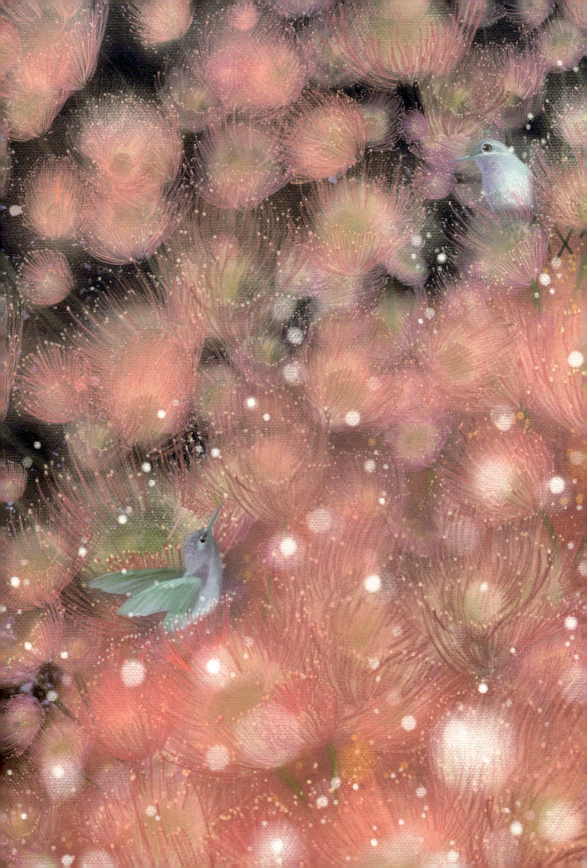

叶 的 轮 回

红的叶子，
黄的叶子，
招一招手，
就随秋风漫游。

它们翻飞，嬉戏着，
围绕着一棵棵大树，
跳着秋天的环舞。

秋雨连绵，
落叶翩翩，
渐渐融进泥土，
开始新生的冬眠。

当春天来临，
枝头又绽出嫩绿，
在叶子的轮回中，
大树又多了一圈年轮。

【紫雨赏诗】

　　轮回，一个有趣的游戏，一个满怀期待的词语。从离别到相聚，再到离别再相聚……循环往复，周而复始。我们仿佛在观看一台精彩的节目：五彩缤纷的叶子，随秋风在我们眼前飞舞，我们欣赏它们的愁，分享它们的快乐……一切终归会结束，谢幕的那一刻，我们无限地怀念，却又心怀希望，期待着它们到舞台后面化装，来年春天又将粉墨登场。就在这样的轮回里，大树拥有了一圈又一圈的年轮，而观众拥有了一年又一年的岁月。

　　这是一个多么奇妙的经历！轮回，让你有点儿淡淡的忧伤，却又充满着美美的希望。大自然中的许多事物都有这样神奇的轮回，日升日落，月圆月缺，还有许多时间和空间的轮回，比如节日、季节，比如公交车、火车、地铁……只要你看到了某个轮回，你就能获得它给你的诗。

绿叶映着你的脸

绿叶映着你的脸，
迎来了属于你的春天；
你栽下一棵树，
你的生命就与大地相连。

为土地不吝惜汗水，
落地就变成了甘泉。
你为春天而劳作，
你已经变成了春天。

【紫雨赏诗】

　　绿叶映着的脸，是勤劳人的脸，是属于春天的脸。栽树是与大地生命相连的方式，也是汗水变成甘泉的原因。为春天而劳作，为大地而劳作，是一种充满希望的劳动。劳作的人和绿叶一起变成了春天。

　　让我们从诗的结尾反过来寻找一路的意象：春天——劳作——甘泉——汗水——大地——树——绿叶——脸。不同的季节中，会有不同的意向，比如，夏天——劳作——溪流——汗水——大地——花朵——脸；秋天——劳作——露珠——汗水——田野——高粱——红穗——脸。

　　勤劳的人让四季有了丰富的内涵，拿起笔，为他们写下一首首诗吧！

鸟巢

鸟巢，是大树的
另一种风景；
鸟巢，是大树的
另一种生命。

没有鸟巢的大树，
日子很寂寞，很冷清，
叶子和叶子对语，
根和泥土默默倾听。

大树有了鸟巢，
就像大树开了一朵花。
鸟巢里，
白天升起太阳，
夜晚升起月亮，
雏鸟和星星说话。

鸟巢让沉默的大树快乐，
鸟巢让大树的生命鲜活。

【紫雨赏诗】

　　反复地朗诵便会发现，诗歌中的事物之间总会存在某种特别的关系。比如，这首诗中的"鸟巢"和"大树"之间，就有一种相互依存的关系。它们成为彼此生命里的风景，互相倾听，互相拥有，互相奉献，彼此获取快乐，让生命有了另一种表现形式。如果你发现了这种关系，并且自然地联想起自己生命里的某个角色，你就读懂了这首诗。有个孩子觉得金波爷爷就是那棵大树，自己就像鸟巢，于是就将这首诗改写成这样：

　　　　孩子和金波

　　　　孩子，是金波的
　　　　另一种风景；
　　　　孩子，是金波的
　　　　另一种生命。

　　　　没有孩子的金波，
　　　　日子很寂寞，很冷清，
　　　　人和人对语，
　　　　老人和孩子默默倾听。

　　　　金波有了孩子，
　　　　就像大树开了一朵花。
　　　　孩子心里，
　　　　白天升起太阳，
　　　　夜晚升起月亮，
　　　　心灵和星星说话。

　　　　孩子让冷清的金波快乐，
　　　　孩子让金波的生命鲜活。

　　这样的改写，是否给你带来了启示呢？

薄暮中的鹭鸶

薄暮缓缓地蔓延开来。
比闪电更凝重地
飞落在清流里，
洒下摇曳的光影。

鹭鸶是薄暮中的烛光。
即使在没有星月的夜晚，
远远地，人们也看见
它立在那儿。

等待黎明吗？
它比晨曦更早地
点亮了每一个早晨啊！

【紫雨赏诗】

　　诗句缓缓地展开，就像"薄暮缓缓地蔓延开来"，你眼前的画卷也缓缓地被打开：一束光，一个影的闪现之后，一切进入了一种画一样的宁静。

　　暮色将一切变成了剪影。无论是薄暮的微光里，还是黎明的晨曦中，鹭鸶就那样远远地立着，守着，点亮着。它点亮了早晨，也点亮了作者的诗情。

　　想要拥有这样宁静的诗情，就一定要有一颗宁静的心灵，甚至是宁静得有点儿孤独的心灵。你有过这样的宁静时刻吗？若有，在那份属于你的宁静里肯定也能找到点亮你诗情的那个"剪影"。

野鸭子

像探望最亲密的朋友，
我去湖边看野鸭子。
天很冷，
心很暖。

野鸭子每年深秋飞来，
一冬天都不走，
湖上结了冰，
它们就站在冰上看风景。

看蓝天，
看白云，
也看那些看野鸭子的人。

人们把好吃的投给它们，
一直到春水融融，
湖面亮得像纸。

我看见野鸭子
游过来，游过去，
身后留下了
一个个"人"字。

【紫雨赏诗】

　　野鸭子好聪明，聪明得能在寒冷的冬天感受我的温暖，聪明得会在冰上看风景，聪明得会看那些来看它们的人，聪明得能在像纸一样的湖面上写下一个个"人"字。

　　我们没有理由认为自己是最聪明的。自然万物都有它们的智慧。如果你能发现它们的聪明，你才是真正的聪明。相信你还能发现一些其他很"聪明"的动物，你和它的交流是那样的特别——"像探望最亲密的朋友"。你们也可以共同用智慧写一首诗。

鸟声洗净了早晨

归巢的鸟儿带走了白天，
连同白天嬉戏的快乐。
夜色吞噬了森林和群山，
一切变得漆黑又寂寞。

黎明最早听到的是鸟声，
鸟声洗净了迷蒙的晨雾，
露水睁开了明亮的眼睛，
森林穿上了华丽的衣服。

鸟声洗净的早晨很鲜丽，
鲜丽得好像带露的花；
鸟声洗净的早晨是芬芳的，
芬芳得好像香甜的瓜。

在鸟声里迎接一天的到来，
连歌声都闪烁着绚丽的光彩。

【紫雨赏诗】

　　漆黑又寂寞的夜里，森林和群山在期盼着早晨。伴随黎明第一缕阳光擦亮群山的，是森林里那悠扬的鸟鸣声。鸟儿们的歌声如清泉，可以洗净早晨。它们的声音穿梭在阳光里，拂去迷蒙的晨雾，点亮叶间的露珠——一切开始明朗起来，一切开始清爽起来——你看到的是带露的花朵那鲜丽的笑容，闻到的是香甜的瓜果那芬芳的气息。

　　哦，阳光将绚丽的色彩赋予万物，一切显得那样的新鲜而美丽。新的一天就从被鸟声洗净的早晨开始。优美的声音总能带给我们舒畅的心情，让我们烦躁而浮动的心灵在孤独和寂寞时获得一份洗涤。

　　你曾感受过哪些有魔法的声音呢？

为三月谱曲

用小溪潺潺的流响，
用枝头新绿的芬芳，
用燕子呢喃的细语，
为三月谱曲。

用河边茸茸的细草，
用晴空萦绕的鸽哨，
用悄然无声的小雨，
为三月谱曲。

三月的歌欢跳着，
三月的歌闪耀着，
三月的歌嬉闹着，
从树梢上，
从鸟巢里，
从彩云间，
滴落着——
三月的歌曲。

滴落在蝴蝶的翅膀上，
滴落在飘香的花心里，
滴落在闪烁的目光里，
春天更美了，美在——
三月的歌曲。

【紫雨赏诗】

　　岁月原本就如歌一样美妙。每年、每个季节、每个月份，甚至每一天都有属于它的歌。三月的歌来自"小溪""枝头""燕子"的合作，还有"细草""鸽哨""小雨"的伴奏。三月的歌，有属于自己的旋律。它欢跳，它闪耀，它嬉闹，它可以从树梢、鸟巢和彩云上滴落。这美好的旋律，让蝴蝶和花朵更美好。

　　生活在三月里的一切，都在为三月谱曲。其他的月份呢？也一样！九月，清凉的小溪、硕果累累的枝头、南归的大雁、飘零的树叶、绵绵的细雨、呢喃的秋虫也在为九月谱曲。九月的旋律是收获，是喜悦，它让枝头的果实、缤纷的秋菊、金色的桂花更加绚丽。

　　你最喜欢哪个月份，你能否寻找到为它谱曲的一切，然后再将这首动人的曲子记在你的乐谱上？

你虽然是个石雕的小姑娘

我想，你一定
也知道疼痛，
当夜深人静的时候，
一定有人听到过你的哭声。

你虽然是个石雕的小姑娘，
但你也有一个美丽的生命。

你有一双白胖胖的小脚丫，
你那样天真，那样文静。
可为什么你的小脚丫被人砸坏了？
我老是想不通。

你虽然是个石雕的小姑娘，
但你也是我们城市的公民。

每当我看到你伤残的肢，
我就失去了笑容。
在你面前，我再也跳不起来，
我的小脚丫也感到了疼痛。

你虽然是个石雕的小姑娘，
但你的心早已和我们相通。

【紫雨赏诗】

　　"精美的石头会唱歌"——正像一首歌里所唱的那样，石头，本身是有灵性的。每一块石头里面都居住着一位精灵。经过雕塑家的手精雕细琢之后，这精灵就有了更生动的形象。比如诗中的这位石雕的小姑娘，那样的天真，那样的文静，有一双白胖胖的小脚丫……如果你的心能与之相通，你就能体会到她的喜怒哀乐，就能倾听她的诉说，为她的疼痛而"失去笑容"。相信在你的身边一定也有许多雕塑，只要你用心去凝视，去交流，就能听到它的故事。

音乐的游丝

只需那样一根
音乐的游丝，
就能牵引我的心。
轻轻、轻轻，
不知心归何处。

春水的沐浴，
暖风的吹拂。
心灵长上了翅膀，
在谛听中，
消隐了自己。

【紫雨赏诗】

　　音乐的游丝轻缓地游走于耳际，轻柔地萦绕于身边，轻盈地牵引着心灵，带我们走向那遥远而神秘的音乐天地。在那里，你如沐春风，忘乎一切，甚至忘乎你自己——这就是陶醉于艺术的最佳境界。

　　"不知心归何处"是因为"心灵长上了翅膀"去追随艺术境界。你在欣赏某个艺术作品时，有没有过这种恍惚进入了另一番天地的陶醉呢？

倾听寂静

倾听鸟声，
倾听流水，
倾听童年的歌。
心灵像安卧在摇篮里，
沉沉地入睡。

当一切声音都息了，
就倾听寂静，
感受独处，
品味一个人的梦境。

【紫雨赏诗】

　　"寂静"是可以倾听的，因为寂静时，什么声音都没有，于是对于它的填充完全来自你的心底。如果你从未独处过，那么自然就没有了这样美好的享受。

　　"寂静"中出现的都是美好的声音。有可能是曾经的一段经历，有可能是记忆里的一首小诗；有可能是遥远的一个梦，有可能是悠扬的一曲歌……那些足以将你送进甜甜梦乡的人和事，那些常常让你觉得幸福快乐的岁月，总会在你独处的时候，在那寂静中从你的内心深处如水一般流淌出来，如月光一样倾泻下来，然后安详地摇晃着你……

倾心

让我们从小
就对这一切倾心:

冬天有阳光,
夏天有绿荫,
鸟儿在春风里筑巢,
溪流穿过树林,
蜜蜂来到窗前,
落满茑萝的花心。

给生活酿出蜜,
把乳汁送给树根,
不要惊醒鸟的梦,
让生命的新绿更浓,
当心头落上飞雪
又会得到友爱的温存。

让我们从小
就对这一切倾心。

【紫雨赏诗】

　　"让我们从小就对这一切倾心"——"这一切"是什么?这一切是四季——春夏秋冬的交替轮回。这一切是具体的:世间万物,人间真情;这一切是抽象的:脑之想象,心之感应。倾心于世界的美好,更要学会倾心于美好世界的创造。

痴想

在学校的围墙外，
有宽阔的广场，
有街心花园，
有林荫道，
有草坪、
花坛、
鸟。

再往前走就是那条细长细长的胡同。

每当我从学校走回家的时候，
我常常不由自主地这样痴想：
我能做飘过广场的那片云吗？
我能做街心花园的那朵花吗？
我能做林荫道上的那棵树吗？
或者做草坪里新栽的一株草，
或者做草上的露珠花间的鸟，
哪怕做一朵白茸茸的蒲公英，
飞，飞，飞过学校和家的屋顶。

【 紫雨赏诗 】

你知道吗？除了用画笔，你还可以用文字来画画。这首小诗用文字绘出了怎样的画面呢？我们一起来看一看。

整体来看，仿佛一只鸟飞过了一堵高高的围墙，朝着远方扇动翅膀，但细细地读每一部分，我们又会有不一样的感受。

第一小节，开始了"我"的痴想：第一句就让大家知道"我"是身在围墙下的，然而我的"痴想"长上了翅膀，它飞出去，看到了围墙外，看到了广场，看到街心花园，看到林荫道，看到草坪，看到花坛，还有和"痴想"一样在飞的鸟。视野越来越远，越来越开阔……

第二小节就像文字所说的，犹如一条"细长细长"的胡同。

第三小节则是一面结结实实的围墙。四四方方，高高大大，里面有太多太多我不由自主的痴想。

读完后，再看整首诗，你会发现这些"痴想"早就飞出围墙，飞出胡同，像鸟儿一样在蓝天翱翔。

这样写诗的时候，诗人就像一位建筑师，是不是很有意思？

记忆

我至今还记得，
童年时候，有一天，
我唱着歌，
从草地上走过。

突然，在草丛里，
闪过使人目眩的颜色！
我只觉得一阵寒战
从我的脊背上掠过，
啊，我看见了一条蛇！

我遁逃得远远的，
望着那条蛇。
它穿过草地，
又游过小河，
像一阵冷风吹过。
它慢慢地、慢慢地
攀上一棵古树，
变成了一根枝条，
在绿叶间隐没。

而小鸟，
还在枝头唱着歌。

突然，那蛇，

纵身飞去，

擒住了小鸟，

也吞下了

小鸟没唱完的歌。

（我只看见，

几片彩色的羽毛

像枝叶一样飘落……）

在我童年的记忆里，

有星光，有月色，

也有春天的花朵。

然而，我，

永远不会忘记：

那鸟儿没唱完的歌……

【紫雨赏诗】

　　你是不是还沉浸在最后的省略号里？就像这个世界不是只有阳光和鲜花一样，我们的记忆，也不会全部装载着美好和优雅。总有一些令我们惊恐甚至伤痛的记忆，在心灵上留下深深的伤痕。

　　最令你难忘的是自己原本欣赏的美好事物突然遭到了破坏，甚至是摧毁。那是一种直刺心灵的痛楚，也许，将它写出来，你的内心会好受一些。快乐与人分享就多一分快乐，而痛苦向人倾诉就少一分痛苦。而且文字也可以疗伤哦，不信，你试试！

渡船的思念

沉默的渡船，
静静地泊在岸边，
有船缆系着，
系着遥远的思念。

忘不了第一次远行，
水上有微风，
风里有歌声，
歌声摇着两岸的风景。

不时地，有鱼儿
从舷边跃出水面，
好奇地望着，
望着这第一次远行的渡船。

第一次的远行，
感受到了幸福，
小小的船做了游动的桥，
小小的船做了水上的路。

【紫雨赏诗】

　　船的幸福在于远行，船的思念在于远方，船的回忆在于旅程……因为曾经远行，所以现在它的沉默里包含着太多的故事；因为曾经远行，所以它的船舱里盛有太多的歌声……

　　第一次远行最为难忘，可以想象它整装待发时的兴奋，两岸笑脸相迎的风景，还有一路相伴前行的鱼儿们……那是一次多么快乐的旅行，然而最让它自豪的是成就了别人。它"做了游动的桥"——连接了此岸和彼岸；它"做了水上的路"——引渡有方向的人去那美丽的远方。这都是它用缆绳系着的永恒的思念。

面对这大千世界

面对这大千世界，
驰骋你的想象；
让蚯蚓像农夫耕耘，
让甲虫像宝石闪光。

送去你好奇专注的目光，
你会看到明天的模样。
热爱生活，爱得深沉，
心灵便张开了翅膀。

【紫雨赏诗】

　　大千世界呈现出的景象取决于你的态度和眼光。悉心去观察，它会给你千奇百怪的形态、缤纷绚丽的色彩；倾心去聆听，它会给你委婉动人的旋律、沁人心脾的诗歌。你去触摸，它会给你另一番感受；你再去探索，它又有了更多的精彩。驰骋你的想象，你就能创设出一个属于你的美好世界。

　　用你好奇专注的目光去发现吧，你看到的将不只有明天的模样，你可以看到任何一个你想看到的时代：过去、现在和未来。张开你心灵的翅膀，在想象的世界里翱翔，写一首属于你的诗吧！

涟漪

也许有一缕
不易觉察的微风，
掠过平静的湖面，
描绘出层层涟漪。

鱼儿像音符，
随着涟漪漫来，
我听到一支歌曲，
唱着一首诗。

我也在漂摇着，
如一只远航的船。

【紫雨赏诗】

涟漪，湖面最为美好的记忆。每个涟漪里都有一个动人的故事。它可能是不易觉察的微风在湖面留下的脚印，也可能是水底的鱼儿在湖面写下的一首诗。

湖面是一本内容丰富的书，只要你用心阅读，一定会从涟漪里发现读不完的故事和传奇。

山

眺望远山——
山很小，
我很大；
我是赏画的人，
山是一幅画。

走进深山——
山很大，
我很小；
山是绿色的海，
我是一只鸟。

【紫雨赏诗】

读第一节，将自然山景欣赏成一幅画。我想起一首古诗："远看山有色，近听水无声。春去花还在，人来鸟不惊。"这是由画联想到自然的山水。

读第二节，走进真正的深山，又让我想起一首古诗："横看成岭侧成峰，远近高低各不同。不识庐山真面目，只缘身在此山中。"——人在山中不只是很渺小，还很容易迷失自己。

无尽的山，无尽的美。远望和近观都有别样的美。"眺望"和"走进"的感受是那样的不同。"我很大""我很小"，都是同样的我，关键在于置身点的变化。秘密就在你的脚下。

绿色的太阳

从双手抱着奶瓶，
我认识了洁白。
从熟透的苹果，
我认识了鲜红。
从我仰望的晴空，
我认识了蔚蓝。

当我三岁的生日，
爸爸送我一盒蜡笔。
我觉得我是这样富足，
我得到了一切色彩。

于是，我画
一道蓝色的直线，
那是解冻的小溪；
画绿色的波纹，
那是连绵起伏的远山；
再画一个
大大的橙色的圆，
是中秋的明月挂在天边。

然而，现在，
我画彩色的棉花，
为了给小妹妹们

去做花衣裳；
我画透明的海洋，
为了看清海底的宝藏。

再画一个绿色的太阳，
为了让夏天凉爽。

【紫雨赏诗】

　　色彩就是诗！大自然的色彩告诉你千千万万个信息，它们都可以成为你
绘画作品里的素材，同样也可以成为你诗作里的语句。一个人来到世界，不
光要认识世界，还要学会创造一个自己的世界来丰富外面的大千世界。你可
以挑选你自己喜欢的色彩，创造一个美丽的属于你的世界。

早晨新鲜的阳光

每天，早晨的阳光都是新鲜的，
在阳光里，我闻到牛奶的香味，
青草和花朵的香味，
露珠和鸟声的香味。

孩子，阳光照到你的脸上，
照亮你的微笑。
你早晨的微笑也是新鲜的。

我为你深深地呼吸。
我闭上眼睛，似乎在飞，
伴随着一种阳光的韵律。

面对着你，我不需要眼睛看，
只需要静静地感受，
像感受早晨的阳光。

太阳离我们很远，
我们离得却很近，
我们和阳光每天都是新鲜的。

就像在彼此的记忆里，
闪烁着早晨新鲜的阳光。

【紫雨赏诗】

早晨的阳光是新鲜的，早晨的空气是新鲜的，早晨的青草、花朵、露珠，甚至鸟声都是新鲜的。早晨的一切都是那样的新鲜，这"一切"中也包括你的脸、你的微笑，还有我们彼此留下的记忆。

金波爷爷在早晨的阳光中感受到的新鲜的一切，就是一首诗。你也用心去感受吧，相信你也能写出美丽的诗篇。

月光

一切都沉浸在
银亮的水中，
朦朦胧胧，
安安静静，
如一个梦。

心，却醒着
漂浮在如水的月光里，
仰望着夜空，
数着天上稀疏的星。

【紫雨赏诗】

月光是夜晚最优美的诗。相信你一定会背诵这句千古名句："床前明月光，疑是地上霜。"对于中国人来说，月光是最富象征意义的。我们在月光下会有一种与生俱来的思情，这份思情和月光融为一体，流淌在每一个中国人的血脉里，让人久久沉浸其中，享受它的朦胧和安静，恍然如梦……

面对这样如梦似水的月光时，每个人的心境是不一样的，因为他们各有各的故事，各有各的亲人，各有各的向往，所以在月光这条河里漂浮着的心，就像天上的星星一样多，也像星星一样拥有属于自己的光彩。

饮一杯月光

夏天的月夜，
吹来阵阵晚风，
远远近近的虫鸣，
衬托着夏夜的宁静。

我们全家人，
在庭院里纳凉，
每个人的杯子里，
都斟满了月光。

我请爸爸、妈妈，
饮下这杯月光酒，
脸上永远有微笑，
发光的心也会闪耀。

【紫雨赏诗】

夏夜里和全家人一起坐在月光下，你也会想起许多和月有关的童谣、神话和诗歌。它们就像一杯杯月光酒，让这宁静的夏夜充满着醉人的温情。此时的月光就像一杯酒，一杯茶，让你四周流淌着幸福与快乐。

只要有人与你一起欣赏，一起分享快乐，一切无形的都可以"斟满"你手中的杯子，你的心灵就会如诗般闪耀。

月光里的树

风对树有说不完的故事，
听故事的树枝在轻轻地摇，
听故事的树叶也吹起了口哨，
因为风的故事又神奇又有趣。

鸟儿对树有唱不完的歌曲，
听歌曲的树枝在快乐地舞蹈，
听歌曲的树梢在悄悄地长高，
因为鸟儿的歌曲又深情又甜蜜。

只有一轮圆圆的月亮高悬在天，
望着这片树林不说话。
它用月光纺织着银亮的纱，
把一棵棵树精心地打扮。

谁也比不上月光里的树妩媚，
每一棵树都像新娘一样美。

【紫雨赏诗】

　　月光可以让一切变得朦胧而美丽，月光可以让美丽变得神秘而妩媚。月光里的树，美如新娘，让人充满无限的遐想。风儿爱它，鸟儿爱它。风儿那神奇又有趣的故事，让它吹起了口哨；鸟儿深情又甜蜜的歌曲，让它悄悄地长高。

　　数一数，这首诗一共有多少行？——对，十四行。其实你在金波爷爷的作品里，会经常读到这样由十四行组成的诗，它们有一个特别的名称——十四行诗。创作这样的诗，不仅要严格地只能写下十四行，而且在诗中还要有押韵。你可以再读一读，找一找每小节里的韵脚。十四行诗是现代诗中有律诗的代表，这种诗是向外国人学来的。

　　树美，诗也美，描写的意境当然就更美啦！你可能已经迫不及待了吧！那么就到月光下去寻找吧，寻找美丽的事物，就像风儿为树讲故事，鸟儿为树唱歌一样，看看有谁在与之相伴，再将月光给它精心的打扮描写出来，你也能写下一首优美的十四行诗。

月亮浸在溪水里

如果把月亮浸在溪水里，
溪水里就像流淌着水银，
拥着一轮圆月向大海流去，
大海就有了一颗发光的心。

宁静的大海怀抱一轮圆月，
如花的鱼穿上了节日盛装，
珊瑚排起了整齐的队伍，
海葵花也在月光里开放。

最凶悍的鲨鱼也变得温柔，
它在银色的波光里穿梭，
大鱼小鱼互相亲切地问候，
寂静的大海唱起快乐的歌。

从此月亮常常流进大海，
让大海变成欢乐的舞台。

【紫雨赏诗】

　　谁能摘下天上的月亮？也只有那清澈的水想得出并且做得到。美丽而温柔的月亮一旦浸入水中，水中的一切也就随着闪光而流动。水中的生命因明月的到来变得温柔，就连凶悍的鲨鱼也不例外。诗里诗外流淌的是一种温和的力量，让一切变得美好的力量，这种力量来自那圆圆的月亮，在海洋这阔大的舞台上演的是美丽和善良。

分享成长

一起分享糖果、玩具，
一起分享快乐、悲伤，
一起分享失败、荣誉，
还要一起分享成长。

成长意味着战胜挫折，
成长意味着学会憧憬，
成长意味着发现自我，
成长意味着珍惜岁月匆匆。

一起细数身后的脚步，
一起思考什么是幸福，
一起探寻人生的道路。

分享成长，使彼此亲近，
分享成长，让心暖着心，
像一片树林，根连着根。

【紫雨赏诗】

　　成长，是每一个生命的主题。从我们拥有生命的那一刻起，我们都在以自己的方式成长着。我们会在成长中战胜困难、拥有本领、了解自己、学会珍惜……

　　成长的过程不只是埋头前行，还要学会偶然回顾，细数身后的脚步，思考成长的意义，这可是人生的大课题。试着写下属于你的成长诗篇吧！

读诗的窗口

这是我读诗的窗口，
每天都有诗飞出小窗；
窗下听诗的牵牛花开放了，
窗下听诗的星星草闪亮了。

一朵白云飘下来，
挂在窗口不飞了；
一阵微风飞过来，
停在窗口不吹了。

夜里萤火虫飞来了，
提着小灯为我照亮；
我又写了一首闪光的小诗，
飞出了我家小窗。

【紫雨赏诗】

　　诗，有无穷的魅力，读诗的窗口是最美的窗口。诗有圣洁的灵魂，能给万物以生命的光彩。牵牛花的开放、星星草的闪亮，来自诗的滋养；白云和微风的驻足，是对诗的欣赏。我的朗读，让诗飞出这美丽的小窗，如孩子般在窗外的世界里徜徉。

　　其实，窗外的一切就是诗的海洋。你看，不正是开放的牵牛花和闪亮的星星草走进了作者的诗行？不正是如火的萤火虫带着闪光的小诗，飞进了作者的小窗？哦，原来这美丽的窗口是诗歌的灵魂来来往往的窗口！你有这样神奇的窗口吗？有谁在窗下听你朗读？又是谁带着诗的光亮和你一起创作？

我守护着他的拐杖

站在湖岸上，
我守护着他的拐杖。

他是一个跛足的人，
他像我这样小的时候，
双腿就失去了
行走的力量。
但他能在江河湖海中，
自由地俯仰击浪，
两只手像矫健的翅膀。

像握着他有力的手，
我守护着他的拐杖。

冬天，凌厉的风牙浪齿，
撕咬着他的臂膀；
夏天，骄阳灼烤着，
他的肌肤变得
像青铜一样锃亮。
他的心，每天每天
都向往着奔腾、飞翔。

像依偎着他的胸膛，
我守护着他的拐杖。

他游过开阔的水面，
身后留下了一行诗，
那诗，在闪闪发光。
在生活的激流中，
他是一个强者，
每天，他都打捞起
一轮鲜丽的太阳。

像守护着一棵常青树，
我守护着他的拐杖。

【紫雨赏诗】

我守护着他的拐杖，这位"他"是那样值得颂扬。虽然他是一个跛足者，可他却有一轮鲜丽的太阳；虽然他从小就失去了行走的力量，可他却拥有搏击风浪的力量；虽然他无法像别人那样奔跑，可他却能在江河湖海中飞翔……他虽然是一位残疾人，我却读懂了他在与激流的拼搏中用坚强的意志写下的生命诗行！

"我"为什么要守护着他的拐杖？因为拐杖代表了他的人格所散发出的能量，守护拐杖其实就是守护拐杖的主人。他的拐杖会讲述他所遭遇的坎坷；他的拐杖会讲述他是如何坚强；他的拐杖会讲述他所面临的困苦；他的拐杖会讲述他如何让自己的生命闪亮！

你的身边有残障人士吗？你是否关心过他们的生活？是否从他们的身上读到了坚强？是否为他们守护过什么？是否为他们写过诗歌，将他们的事迹传扬？他们不只需要我们的理解和同情，更需要我们以平等和尊重的方式给他们一片灿烂的阳光。提起笔，用文字表达你对他们的敬仰吧！

香香的家

妈妈过生日的时候，
爸爸买了件礼物
送给她。
那是一瓶漂亮的香水，
妈妈洒在身上，
就像一朵香喷喷的花。

妈妈对爸爸说：谢谢你。
爸爸对妈妈说：别客气。
这香水，送给你，
也是送给我们自己。

香水喷在妈妈身上，
爸爸说他有了一个
香香的妻子；
我说我有了一个
香香的妈妈；
我和爸爸一齐说：
我们有一个
香香的家。

【紫雨赏诗】

家，为什么变得香香的？因为爸爸有个香香的妻子，我有一个香香的妈妈。香香的妻子、香香的妈怎么来的？她喷了爸爸送给她的香水。"这香水送给你，也是送给我们自己。"原来是这么回事儿！

每家都有每家的"味儿"，这家的"味儿"是香香的，你家的"味儿"是怎样的呢？

第三条手帕

早已忘记了因为什么，
竟惹得你哭个没完，
泪水都湿透了两条手帕，
满脸还是泪花。

劝慰的话，
认错的话，
我不知说了多少遍，
也换不来你的笑脸。

直到吓得我也哭了起来，
你才停止了抽泣，
怔怔地望着我，
好像在问：你哭什么？

这时候，你悄悄地
递给我第三条手帕，
还有你笑脸上
挂着的泪花。

【紫雨赏诗】

读完诗，你的脸上肯定没有泪花，只有和这两个小伙伴一样的笑容。

读别人的故事时肯定会猜"哭之前"发生了什么，肯定会想是"我"把"你"给惹哭了，要不又怎么会"劝慰、认错那么多遍，还递上了两条手帕"？读着读着，你就会懂，其实发生了什么已经不再重要，重要的是只有"我"的哭才能止住"你"的哭——原来互相的牵挂才是最重要的。于是，第三条手帕就能轻轻地抹去泪花，留下开心的笑脸。

我相信这首诗肯定让你想起了自己的某个伙伴。你和他之间有类似的故事吗？发生过什么，可能你已经记不得，但你肯定能记得他哭泣的模样，肯定能记得你逗他开心的招数，肯定能记得是什么让你重新得到了他的友谊。是第三条手帕吗？当然不是，你有你们和解的法宝，就写写它的故事吧！

陪她一起哭泣

古老的城墙上，
常常走来那个小女孩，
城墙上，
小草绿了，
花正盛开。

可是，那个小女孩
常常到这里独自一个人哭泣。
问她为什么，
她沉默着。

不该问的。
哭泣常常是没有理由的，
即使有，
也说不明白。

我只想，如果
此刻我也来到城墙上，
我就会陪她一起哭泣，
我们把眼泪，
洒在草上，洒在花上。

草更绿了，
花更红了，

眼里噙着泪水，

我们一起笑了。

【紫雨赏诗】

　　有一首歌这样唱："悲伤着你的悲伤，幸福着你的幸福。"唱的应该就是"我"
和小女孩的这种感觉吧。在生命中的某一天，某个地方，我们会遇到一个陪
伴着我们一起哭泣的人。这陪伴会让草儿更绿，花儿更红。即使噙着泪水，
我们也会一起幸福地笑！因为懂你的人，不用追问，就能明白你的幸福与悲伤。
最重要的是会陪你一起。这样的伙伴值得你一辈子珍惜。

　　你是否也有这样的伙伴？是否也有一个与他相遇的时刻和地方？是否也
和他一起做过什么事情？是否觉得这是一段最幸福的时光？试着写下来吧！

迷路的小孩

不要说我异想天开，
我想做一个
迷路的小孩！

于是，我穿过人的山，人的海，
我想走进原始大森林，
还想走出遥远的地平线。

我看见，人们
都那样忙忙碌碌，
只有我，
不慌不忙，
走走看看，
自由自在。

一位老奶奶问：
你到哪里去？
我说，我是一个
迷路的小孩。

老奶奶一把拉住我，
一遍一遍让我想：
家住什么街，
多少号门牌？

我好不容易，
才从她身边跑开——
我想做一个
迷路的小孩。

我走进大森林，
一位护林老爷爷走来。
他问，你到哪里去？
我说，我是一个
迷路的小孩。

老爷爷一把拉住我，
令我登上
森林瞭望台。
用望远镜，
我立刻找到了我的家，
家门口的花坛里，
茉莉花正盛开；
我的妈妈，站在大门口，
正焦急地把我等待。

从望远镜里，
我又看见了
那位老奶奶，
她在人群里走来走去，
是不是在寻找我这个
迷路的小孩？

我真想快快飞回去，
飞到亲人身边。
啊，我到处都得到关怀，
我永远也不会迷路，
我是一个
幸福的小孩！

【紫雨赏诗】

　　你是否也想过浪迹天涯，做个迷路的小孩？也许你还想过上天入海，或是穿越时光隧道，到达过去或未来，总之是想独自离家，感受一些稀奇古怪，用自己的方式来读一读外面的大千世界。

　　迷路，有时并非坏事，因为它能给你带来一种寻找的乐趣和感慨。你不妨也将自己"放出去"，让自己的思想自由驰骋，成为一个异想天开的小孩，讲讲你独自流浪的故事。

挂钥匙的孩子

我是个脖子上
挂着钥匙的孩子。
我走路，
我跑跳，
那把钥匙
就在我胸前
叮当叮当响。

我的家，就挂在
我的脖子上。
爸爸很忙。
妈妈很忙。
因此，我也很忙。
放了学，
书包挎在肩上，
就去菜市场。

有时，还为了
妈妈的一次晚归，
雨天里，我撑着伞，
等在汽车站上。
雨点儿在伞顶叮咚叮咚，
钥匙在风里叮当叮当。

然而，每一个晚上，
我的家里，都好像
又升起一次太阳，
爸爸妈妈帮我复习功课，
书本上铺着柔和的灯光。

他们轮流向我
谈着一天的工作，
谈得那样认真、有趣，
竟忘记了我还是一个
五年级的小姑娘。

为了我们的未来，
我只不过把一个
小小的担子，
挑在了自己的肩上。

我是个脖子上
挂着钥匙的孩子。
等我长大了，
我会说：
我小时候，生活
也为我戴过一枚奖章。

【紫雨赏诗】

把挂在胸前的钥匙当成生活为她戴过的一枚奖章，而她还只是一个五年级的小姑娘，从中可以看出她是如何用自己小小的肩膀，对这个家有了一份义不容辞的担当。

叮当叮当，是跑跳的节奏，也是生活的旋律。这是一种欢快的节奏，也是一曲快乐的旋律。这个五年级的小姑娘愉快地用自己小小的肩膀挑起了小小的担子。钥匙挂在胸前，不仅表明了她的独立，还包含了她对爸妈忙碌的理解。背着书包去菜市场，撑着雨伞去车站……一个多么懂事的小姑娘，一个多么明理的孩子！她来自一个幸福的家庭，感受着父母对她的爱，也凭着自己的力量给予父母相同的爱。她无愧于一枚真正的奖章。

如果你，或者身边的某个孩子也能如此懂事，如此明理，不是一味从父母那里索取，还能对家庭有所担当，那么我们真的应该用一首小小的诗来赞美你们，为你们送去一枚珍贵的"奖章"。

屋顶上的猫

一只雪白的猫，
静静地伏在屋顶上，
不声不响，
向远方张望。

家里的小妹妹，
跟着邻居姐姐去了远方，
离家很久很久了，
难道她忘了故乡。

院子里的鸢尾兰开了，
微风里飘散着枣花香，
小学校里的钟声，
每天依旧在敲响。

一只雪白的猫，
向远方张望，
不声不响，
静静地伏在屋顶上。

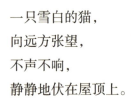

【紫雨赏诗】

盼归，盼归……

一只雪白的猫，一只静静地伏在屋顶上的雪白的猫，一只静静地伏在屋顶上向远方张望的雪白的猫……

这是一只美丽的猫，一只有故事的猫，一只懂得思念的猫。它和家里的小妹妹之间，肯定有谈不完的话，说不完的故事。它们曾经一起做游戏，一起睡觉，一起看院子里鸢尾兰开花，一起聆听学校里的钟声，一起向往远方……

可现在，只有这只猫，这只雪白的猫，这只孤独的猫，还像往常一样伏在屋顶。那远离家乡的小妹妹，是否知道这只雪白的猫在急切地盼望着她归来？

你是否也见到过某个宠物对主人的依恋和盼望？它们静静地望着主人远去的方向，那是一幅令人无限感慨的画面，洇染着淡淡的忧伤。如果你读懂了它们的眼神，如果它们令你想起了你在远方的亲人，那么就拿起笔，写下你的思念和期盼吧。

嘿

我这首诗的题目不能再短，
它只有一个"嘿"字，
可我还是请您耐心读下去，
不要觉得没意思。

我要从这个"嘿"字讲起，
告诉你一个小小的故事，
说的是我那小弟弟，
他呼唤人从来不叫名字。

无论在学校里，还是在剧场里，
他"嘿"完了我，又"嘿"你，
好像这世界上所有的人，
只有这样一个名字。

人们常常听到背后一声"嘿"，
当十个人转身望他时，
他却对九个人不耐烦：
——我又不是在叫你！

有一次，在热闹的大街上，
他看见了我们的老师，
他又是大声"嘿"了一嗓子，
瞧，半条街的人都扭过了脖子。

人们都以为他是喊自己，
一看原来他在喊老师，
人们都生气地瞪着他，
他却笑着，装得若无其事。

就这样，一天一天过去了，
他忘记了所有人的名字，
尽管他"嘿、嘿"地喊粗了脖子，
真奇怪，人们看着他，就像不认识……

【紫雨赏诗】

　　一个小小的字，一个小小的故事。读完后你会发现结局并没有带给人"小小的"轻松，而是有点儿沉重，引人思考。原来一个"嘿"字，竟然会带给别人一种轻微的痛。

　　想一想，生活中是否还有其他这样具有魔力的词，它会在故事里起到不可预料的作用，有的可能会带来麻烦，有的可能会带来快乐，你可以以它为题，写一首题目短得不能再短的小诗。

快报　快报

快报！快报！
座位底下传小条。
快报编辑李小毛，
每天新闻真不少！

快报！快报！

第一条：
小胖家，
大白猫生了只小黑猫；
第二条：
大刚家，
飞走了黄鹂鸟；
还有丹丹，
早晨吃了个双黄蛋；
还有兰兰，
今天穿了件新花袄……

快报！快报！

这一天，
没等小毛出快报，
更快的快报出版了：
语文考试不及格，

全班只有李小毛。

唉，快报……快报……

【紫雨赏诗】

　　快报，快报，这样的"快报"在哪个班级都不少，因为每个班级总有一个"李小毛"或者"张小毛"。聪明的你一定发现了"李小毛"是个虚构的名字，"毛"是为了和"报"押韵。但这样的人是确实存在的。他们每天在班级里播送着这样或那样的"快报"，传递着长的或短的纸条。你可以想一想他们曾经带来过什么样五花八门的"快报"，然后用一首小诗记录下来。期待你笔下的"小毛"带来不一样的精彩故事。

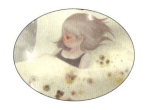

找呀找

他每天早晨都很着急，
找了这里找那里；
全家人都来帮他找，
他还一个劲儿地发脾气。

爷爷从桌子底下，
帮他找出了课本；
奶奶从枕头底下，
帮他摸出了铅笔；
爸爸从屋门框上，
帮他拔下小刀；
妈妈从牛奶糖里，
帮他捡出了橡皮。

等他匆匆忙忙
跑进了教室，
他才想起昨天晚上
忘记了做算术习题。
他惭愧地低下头，
唉，又发现今天过队日，
红领巾也忘了系。

正在他着急的时候，
奶奶手拿一条红领巾，

走进了教室里。

奶奶说："快系上吧,

千万别丢了你自己!"

【紫雨赏诗】

你是否在诗中读到了自己?是否对那早晨一个劲儿地急、急、急感同身受?原来生活中的所有事都能写成诗。

"找呀找"是一首忙碌的诗;"走呀走"可能是一首运动的诗;"写呀写"可能是一首辛苦的诗;"跳呀跳"可能是一首开心的诗,也可能是一首火爆的诗……你能想到什么有趣的事?把它写成一首诗吧!

不应当只记得

不应当只记得
牛奶是从奶瓶里
倒出来的；
还应当知道，
牛奶是从奶牛身上
挤出来的——
牛从大草原上走来，
草原很辽阔、很遥远。

不应当只记得
苹果是从奶奶的
菜篮子里取出来的；
还应当知道，
苹果是从树上
摘下来的——
苹果树长在土地上，
土地很黑、很肥，
泥土里还有人们的汗水。

不应当只记得
你是爸爸妈妈的孩子；
还应当知道
人人都有自己的爸爸妈妈——
这世界很大很大，

有许多许多人，
共同生活在一个太阳下。

你不但要记得别人的给予，
更要知道该怎样回报大家！

【紫雨赏诗】

　　原来生活中有很多你认为理所当然的事物里都有"不应当"，我们往往
只看到了事物的表面，却很少向深处想一想。那么好喝的牛奶，它原来并不
像从瓶子里流到我们的嘴巴里那样简单，我们让自己的思维顺着它们的来处
去寻找，就有了这样一条小小的路径：牛奶——奶瓶——奶牛——草原——
是不是很有意思呢？有个小朋友自己想出了另一条小路：铅笔——商店——
木材——森林，于是他就写出了下面的一小段诗。

　　　　不应当只记得
　　　　铅笔是从商店里
　　　　买来的；
　　　　还应当知道，
　　　　铅笔的外衣是从木材中
　　　　削出来的——
　　　　木材从森林里伐来，
　　　　森林原来是那样的茂密，
　　　　那样的美丽。

　　你是否也能自己开辟出一条思维的小路呢？

读自己的影子

小时候，不识字，
总喜欢坐在那里，
读自己的影子，
像读一本童话故事。

总是读一头黑熊，
还有几只白兔子，
它们卧在我的脚下，
和我有说不完的话。

直到太阳落山，
影子慢慢消失，
只剩下我自己。

我知道，明天
影子还会来，
还会有新的故事……

【紫雨赏诗】

　　我们生来就会阅读，并以自己的方式阅读着世间的一切。对于这位从不离身的朋友——影子，你是否细致地阅读过它呢？读影子不需要会识字，只要展开想象就可以。金波爷爷在小时候读到了影子里那个充满无限情趣的童话：一头黑熊和几只兔子的童话。你从你的影子里又读到了什么呢？